舟山市文化和广电旅游体育局
海洋文化系列丛书

舟山
文物故事

ZHOUSHAN WENWU GUSHI

主编　邓进平

燕山大学出版社
·秦皇岛·

目录

一次难忘的滩涂“寻宝”

王和平

走进舟山博物馆群岛史迹陈列展厅，你会看到一组非常醒目的展品，那就是明代战船上的九环龙抬炮、铜质被中薰球等一批珍贵文物。那么，战船遗物为何能成为博物馆的藏品与展品呢？这事还得从40多年前的一个故事讲起。

1978年八九月的一天，有位来自定海岑港外钓山陈姓的生产队长急匆匆地来到红太阳展览馆内的地区文物办公室。他对我们说：“外钓山滩涂上发现有蛮多碎瓷片，我们是在拾海瓜子、泥螺时发现的，不知有无价值，你们如有兴趣可以去看看。”说着他从包里拿出几块青花瓷片给我们看。当时，我刚参加工作不久，尚分不清这是新的还是老的，只是感觉这些瓷片不多见。时任舟山地区文物办主任陈金生和车戈老师分别接过瓷片看了又看，摸了又摸，认为这些青花瓷片年代不会太晚，这引起了我的极大兴趣。我马上拿出120相机拍了几张老师们在观看瓷片时的工作照。惜年代久远，照片已很难找了。

第二天上午，陈主任、车戈老师和我驱车、乘船前往岑港外钓山悬水岛。当我们到外钓山岛时，潮水未退，一片汪洋，什么也看不到。此时，陈队长叫我们到他家里去休息，等潮水退后再去察看。陈队长家三间平房，还有篱笆墙，屋里屋外收拾得还算干净。与陈队长一起的另外一位农民兄弟向我们介绍说：“陈队长是我们外钓山岛上最大的官。他向你们去报告滩涂发现碎碗片的事情，我也知道的。”此时，陈主任接过话题，对陈队长专程去地区文物办报告发现文物一事表示感谢，并赞扬他们文物保护意识强。

说话间，潮水慢慢地退了下去，大家不约而同地走出院外。陈队长用手指指滩涂上的发现区域。此时，我已经按捺不住了，卷起裤腿第一个往陈队长所指的区域跑。因潮水尚未退毕，陈队长提醒，滩涂上要慢慢走，这个地方不仅有泥潭，还有碎瓷片，要注意脚下安全。果然被他说中了，快到指定地点时，我的双脚全部陷入泥潭，泥潭有近半腰深，我不仅裤子全是泥浆，就连衣服也都是泥水。幸好，当时是“秋老虎”天气，还很热。

在调查现场，大家采集到不少青瓷片，还在淤泥下踩到一圆形物，挖开淤泥后，原来是门大铁炮，大家的激动心情都写在了脸上。此时，陈主任吩咐陈队长协助保护好现场，不要让无关人员接近，以免破坏现场。

9 月 4 日，考古队正式进入现场进行抢救性“寻宝”。地区文化馆副馆长陈明也到现场指导。我们还请了生产队几名民工协助，并借用了几条滩涂船。我们潮退而作，潮涨而息。这样，前后连续工作了 18 天。当时随潮工作，早起晚归，往往是一身泥一身汗。又因长期泡在水里，我们的脚都肿了，再加上淤泥中有锋利的瓷片，每个人或多或少都有伤口。有时旧伤未好，一下滩涂，又添新伤口。最难对付的是晚上的蚊子，嗡嗡作响，蚊香也起不了大作用。这应了我们行业流传的一句话：“考古考古，就要吃苦。吃不了苦，考不了古。”不过，我们吃住都在陈队长家里，每天都有小鱼小虾吃，伙食还是蛮不错的。

近 200 平方米的滩涂范围是我们发掘清理的重点。记得进入滩涂第二天，我在淤泥中摸到了一个圆球，当时不知是什么，我就大喊了一声：“挖到宝贝了！”大家纷纷向我靠拢。陈主任急着问：“小王挖到什么了？”我说圆圆的，像个大铁球。清洗这个圆球后，原来这是个铜质的球，直径有 10 多厘米，内有复杂装置，太精美了。陈主任说这应该是个球形薰炉，大家都争相观看。在这以后，几乎天天都有新发现，其中有大铁炮、九环龙小抬炮、铁铳、铁弹、锡弹等。经过清洗发现，大铁炮还有铭文，“崇祯七年造”等字样清晰可见，太难得了。在发掘清理中还发现了数量较多的明青花瓷片，其中一只碗片有众多僧侣的画像，生动极了，这种瓷器很少见。同时，还出土了崇祯通宝、万历通宝铜钱及铜锣等。发现与日常生活用品相关的有锡碗、骨簪、锡奁、猴形锁等，这些器物不仅造型精美，而且小巧玲珑。从这些物件判断，这似为一艘等级较高的指挥船。

据统计，此次共有100余件器物出土，这是舟山解放以来首次在滩涂中发现数量如此之多并有一定文物价值的沉船。

我们边发掘清理，边研究考证，认定这是一艘明代战船无疑。从三把半开锁情形看，此船沉没前已将贵重物品取出。从铭文看，大铁炮上铸：钦封安国□□大将军崇祯七年造。下铸：□□□定海知县，军门□□波府□□□推官□，都督□，参将张督造营部司□，□□□□。据《两浙海防类考续编》记载，“凡器上镌刻营造年月官匠姓名，如有限内损坏，照名追赔”，故认定此炮为明朝官方所造无疑。推测此战船沉没上限为明崇祯七年（1634），下限为明清之交。这为研究明末清初的军事提供了实物佐证。有专家还推测，这是一艘反清复明的战船，沉没于岑港古六国港区域。

舟山海域发现明代战船，惊动了国内考古界。浙江省文物局、浙江省博物馆多次派专家赴舟山到现场考察，专家们对明青花瓷片情有独钟，他们精心挑选了40余件形制各异的青花瓷片，收藏、陈列于浙江省博物馆。中国人民革命军事博物馆派专家赴舟山，专程了解明代战船发掘情况，并向舟山征集了一门大铁炮，永久收藏、陈列在中国人民革命军事博物馆的明清兵器馆。

回顾往事，历历在目。每当作者去舟山博物馆看这些文物展陈，总是倍感亲切。一次滩涂“寻宝”，终身难以忘怀。

山海奇观

张哲奇

“山海奇观”摩崖题记是嵊泗列岛最负盛名的摩崖石刻，是浙江省文物保护单位。

它屹立于五里碑峰顶上，正面镌刻“山海奇观”四个擘窠大字，书法苍劲有力、气势磅礴。每个字高 1.6 米，宽 1.3 米，分两行直书，字体为楷书阳刻。下有落款：“大明万历庚寅春，都督侯继高统帅临观把总陈九思，听用守备宋大斌，游哨把总詹斌、陈梦斗等督汛于此。”这处落款共 42 个小字，分 6 行，高 30 厘米，宽 26 厘米，字体为楷书阴刻。石碑居高临下，与周围的成荫绿树、远处的海上牧场遥相呼应。

“山海奇观”摩崖题记是明朝著名的抗倭将领侯继高所题，它是我国古代抗倭寇驻海防的历史印证，是嵊泗列岛重要的海洋文化历史遗迹。作为珍贵的历史见证物，“山海奇观”摩崖题记同时也是我国重要的爱国主义教育基地、国防教育基地和历史教育基地。现在让我们穿透历史的风云来追记一下“山海奇观”摩崖题记的故事。

明万历年间，倭寇猖獗，经常骚扰我国沿海一带，一些流民和海匪也冒充倭寇，百姓深受其害，叫苦连天。

浙江总兵侯继高奉命带兵在浙江沿海抗倭剿匪，面对狡诈猖狂的倭寇，侯继高深知不可硬攻，只能巧取。于是想了一个诱敌之计，对外放出风声说，侯夫人早有个夙愿，想要一家人去南海普陀山焚香拜佛，以谢佛祖厚爱。倭寇得到消息，认定侯继高此时无暇顾及百姓安危，就伺机在嵊泗海面一带为非作歹。其实侯继高早已一面整兵待发，一面派出游哨水师，在各地乔装成渔民、商船水手。当嵊泗暗哨传来密报，侯继高带领水师战船以迅雷不及掩耳之势赶来。侯字旗的战船越来越多，倭寇才知大事不妙，慌乱无序。此时，海面又突然刮起了七八级的东北大风，匪船根本无法逃窜，仅仅几个小时，倭寇便被一举歼灭在枸杞洋面。

天色已晚，侯继高带领水师战船，停泊于枸杞港岙上岛休整。将军走到五里碑山顶，只见江山如画，碧海金沙，风光旖旎，一时兴起，提笔写下“山海奇观”四个大字，命人镌刻在巨石上。从此，一段抗倭的英雄事迹便流芳百世。

“山海奇观”摩崖题记，表明了“封侯非我愿，但愿海波平”的酬国壮志。正是这些英勇的军人谱写了一篇篇保家卫国的壮烈诗章，为后人留下了珍贵的历史文化遗产。中华民族捍卫巍巍海疆的决心当以此石为证！

三姓攀塘

刘斌泽

岱山出产两种石头，一种是可以吃的“石头”，叫作硬糕，产于岱山岛东的长涂岛；一种是做铺路修桥之用的石头，宕石，产于曾经位于岱山岛西侧的双合岛。因为双合出产宕石的缘故，于是就有了一处著名的景点，叫作双合石壁，而它本来的名字“三姓攀塘”则很少有人知道。

三姓攀塘位于今天的岱山岱西镇双合村，是距今约 260 年的古采石场，最初分布面积大约有 3000 平方米，建筑占地面积为 1800 平方米，内产类似花岗岩或凝石灰岩的石材，质地坚硬，是很好的建筑材料，原为双合先民丁、陈、杨三家共有。后随着年代的推移，采石场的规模不断扩大，最终形成分布 90000 平方米、建筑面积 48000 平方米的规模。

20 世纪 70 年代前，双合渔村仍旧是离岱山本岛 1000 多米的悬水小岛，后来完全用人工开石填海，建造了仇家门海塘，才与岱山连接起来。当地的人说，双合以前也不是一个岛，原来这里有几个小岛，岛间有港湾，港湾的两头入口处像个洞。人们把北面的入口处称为“北洞”，把西南面的入口处叫“南洞”。因为岛屿的附近海面就是渔场，这里的港湾也成了船只避风的地方。后来随着泥沙的淤积，南北两洞间的小岛被连了起来。再后来又有了海塘，几个小岛就组合成了现今的双合，人们也就把这个地方叫作“两头洞”。直到 20 世纪五六十年代，采石业尚且是双合村的主要经济来源，“两头洞”石板远近闻名。目前，该处为岱山旅游景点“双合石壁”所在地。

“三姓攀塘”的三姓，是指当年初来岱山岛，合伙开办采石场的丁姓、陈姓、杨姓三位合伙人。关于他们的具体名字以及在岱山岛的影响，现有志书中已无迹可考。这三姓，大约和其他开禁后的那一拨先民一样。当时，本地大概有这么几种职业：读书的，晒盐的，捕鱼的，种地的，做生意的，做手艺的。采石场兼有手艺和生意的双重性质，采石工负责开采石料，场主负责行销运输之类的总统筹，类似船老大和船工的关系。

攀塘，实则是“攀宕”的另外叫法。宕，也叫石宕、石塘或者石荡。为什么叫作石宕？因为开采石头的时候，系身而下，悬空作业，这种姿态，叫作宕，故称石宕。采石场开凿后，会形成石塘，故此也称石塘。岱山，古属越地甬东。越地石宕，根据文献记载始于春秋末越国崛起时期。宕是越地方言，即采石场。越地叫石宕、岩宕，也叫“硐”，也有称呼为“窟”的。省内最为著名的采石场景点，莫过于龙游石窟，其他者，则有三门蛇蟠岛、柯桥石岩，诸如此类，都称为石宕。在那些生产材料单一的旧时光里，宕石用途繁多：粗质的，铺地、做河坎、修踏道；细料的，当桥梁石，为柱石，供雕刻。

今天的“攀宕”是一种户外体育运动，也就是我们熟知的“攀岩”，而在二三百年前甚至更久以前，攀宕乃是一种营生。从字面上来讲，攀是由低到高向上爬，宕是系身而下。一攀一宕足以概括古时采石的大致过程。因这个缘故，古代采石为生的百姓也叫宕户。

宕户开采石料，过程大致如下：按石料长度和宽度或者厚度打上木线（墨线），沿木线相隔一小段距离，打入一根钢钎，钢钎长度根据石料厚度决定。打入若干钢钎后，按一定规律，边打钎边浇水，钢钎渐渐打入岩石里面。当钢锋入岩及底后，继续如前操作，往下砸岩石，最终便可以开采出符合要求的石料。石料就这样一层一层开采出来。

另外一种露天采石方式是：先借助铁凿等工具打洞，将几个凿洞连在一起，形成一块用材大小的石料基础，然后利用杠杆原理，用抬、铲等方式把一层石料揭下来。自宋以降，随着火药的出现以及成熟应用，这一过程用凿洞打炮代替。

古代采石，一座山一般可以开凿一二十丈，如不渗水，还可以继续开采。但是，实际上采石过程中，山体常常有渗水或者积水现象。如水量多，面积大，只能停止开采，成为一个弃石宕，时间一长，历经风吹雨打变成石水塘。“三姓攀塘”之由“宕”蜕变为“塘”，大概因此。

同其他来岱先民一样，丁、陈、杨三姓宕户主要来自宁绍平原周边的镇海、余姚、慈溪以及绍兴等附近地方。这些先民操着各自不同的越语吴音，金石撞碰，铮铮有声，海风凌厉。谈笑间，灰飞尘定，石落板成。有时伙计急忙忙跑来告诉宕主，出海的那批石料走不了，风浪太大，船主让缓两天再装。三位宕主相互看了一眼，很有默契地回了跑腿的伙计：那就缓两天吧。半晌过后，又陆续来了几个买主，有从附近水白峧来的，也有从朗吟山、南峰山赶来的。缆头山货的主顾是来付订金的，廿亩岙的保甲是来看踏板的货色的。来来回回，进进出出，都是年纪不同的男人，除了烧饭的婆子，女人是很少进出这里的。

200年后，金石撞击的声响早随那段旧时光歇止。唯有石宕之外海涛之声依旧，残存的石壁林立交错，颇有“海纳百川，壁立千仞”的意境，不全是那块石刻“海誓山盟”空洞的告白。

留方井的故事

阿　能

据史料记载，明代定海城内有水井36眼，民国时期定海城内有水井339眼。著名的有“四眼井”“舟山宫井”“滕坑井”“惠泉井”“两眼井”“留方井”“舟山井”“中营衙门井”“上荣井”等。近年定海老城区（仅指环南、昌国、解放三街道，不包括城东街道）尚保留有水井531眼，人们还是依恋着这古朴、文明的“老井文化”，定海依然是古韵地道的“老井之城”。

阿能摄于20世纪90年代

在定海，古井的故事可演绎许多的千古绝唱，它们“大珠小珠落玉盘”般地镶嵌在古城的各个角落，有人的地方就有古井。古井默默地注视着城市的发展，记录着城市的变迁。有人说，定海作为一个千年历史古城，用脚随便一踩，都能挤出文化的水来。假若你是一个有心人，当你轻轻地踩在深巷里的石板路上，不经意就能发现一口口使你触“井”生情的古井，让人眼前一亮。这些古井既是一种文化，也是一种寄托，是定海历史文化的细胞。很多井都极具历史教育意义，一口古井承载着一段历史，如宫井、留方井等。

现存水井中最令人难忘的，是位于留方路恒丰醋厂旧址旁的留方井，这口井见证了清道光二十年（1840）一段催人泪下的不平常史实。“留

阿能摄于20世纪90年代

方井”为三眼井，外方内圆石井圈，井水清澈见底，原是附近居民主要的饮用水。留方井在清代原是一池塘，名方河，道光二十年英国发动第一次鸦片战争，当年农历六月英国侵略军3000余人攻陷定海。定海知县姚怀祥满怀悲愤投梵宫池而死，典史全福誓死不降，悬梁自尽。城中有许多不愿意受辱于侵略者的定海军民，也纷纷效仿以身殉国。时任定海军营书记的李昌达，为了免遭英军的侮辱，毅然投方河自尽殉节，次日其妻房氏也投河随殉。同治七年（1868）邑人谷兰亭为纪念李昌达夫妇及战火中殉难的定海军民，在池旁竖了一块3米多高的“义士李先生殉难处”石碑，记述了李昌达先生殉难经过。人们还将原方河改建成三个口的“留方井”，意为“流芳百世”。井旁石碑记载：“清道光二十年，英国发动鸦片战争，六月初五英侵略军进攻定海，初八城陷。时任军营书记李昌达不屈，投方河殉难，次日妻房氏亦效夫继殉。”人们为颂扬其宁死不屈的反侵略气节，疏浚方河，置盖三眼井，书“留方井”三字，并在其殉难处建“义士李先生殉难处”碑亭。著名教育家黄炎培（1878—1965）在1934年4月17日游定海时，曾作《游定海即事》诗一首，其诗为：“我游定海城，言登镇鳌山。山下弦歌声，列队皆童仆。寻声下访迷失道，道旁宫井埋青草。三百年来碧血新，谢山一记犹堪考。雪交亭前梅树肥，成仁祠外风满旌。摩挲栗栗百二十，在昔何盛今何稀？徘徊周览兴未歇，仓河头巷碑留跋。道光庚子年六月，殉国义民李昌达。城可拔，地可割，匹夫有志不可夺。庶几强虏凶锋遏，嗟嗟东北好河山。志有义民无义官，不生降即生还。低徊今昔空长叹，咄哉！诸生投袂起，与子同仇雪此耻。”其中，“仓河头巷碑留跋……殉国义民李昌达”句是赞叹“义士李先生殉难处”石碑和李昌达的。留方井是舟山人民反帝国主义侵略的见证之一，留方路亦以此井得名。

1979年6月，“义士李先生殉难处”碑刻被列为市级文物保护单位。

应该说没有水井，也就没有了定海深远悠久的历史，井水养育了一代又一代的定海人。古井作为历史的载体，已经转化为一种文化符号。岁月悠悠，老井如人，老井似歌，但愿留得老井听水声。作为浙江省历史文化名城定海的老井，留方井也是有独特的灵性的，是定海古城历史文化的最好见证。它和古城中的老街、老巷、老宅一样，是一张有着深厚历史文化底蕴的海岛城市名片，是一首萦回在定海人心头的抒情诗……

定海辛卯大火与“公墙”的故事

阿　能

小时候不懂事，把定海城内的风火墙当城门，到稍大些才知道这是旧时城镇为防火建筑的风火墙（封火墙）。在定海西大街柴水弄口何大泉膏药店旁、西大街绥之医院和孙氏染店间有两道“公墙”。“公墙”也叫风火墙，又高又大，高出屋面好多，石灰斑驳，青苔苍苍，写满老城悠久古老的历史。月洞门下车水马龙，人来人往。我们这帮小团郎读书经过，必神情昂然，高墙仰止，无不为此而感到舟山先人之伟大和创造力。

定海辛卯大火

“公墙”的故事还得从清光绪十七年（1891）说起。正月初二（2月10日），晚十二点钟，定海城关城隍庙弄口一家豆腐店作坊中火油灯倒翻以致火起，时北风甚大，火势飞扬，状元桥东西两边顿成火海一片，由于当时建筑以木结构为主，火势难以控制，有六架水龙救火，其中三架也被火所焚，无可施救，一转瞬焚去房屋无数。《定海公墙记》记载：“光绪辛卯春二月，民房失慎，成灾□□；□公海珊率夫役，会兵弁，竭力捍御。”焚至次日清晨七时始熄灭，计状元桥东西两边焚毁殆尽，东至东门东井头（今东大街镬厂弄口）、会源桥（今解放西路陶家弄口）、西北至横堂弄，焚去店铺二千余家，连门面、住房达四五千间，老太保庙已被焚毁，万余百姓流离失所。上海《申报》于是年2月16日、17日和20日分别登载定海火灾详情，《申报》载：“大火毁去全城约三分之一，二千余户灾民失去了居所。”《申报》还载：“状元桥东西两岸焚毁殆尽，东至东门东井头，南至解元桥，西北至横堂弄，共焚去店铺二千余家，连门面住房共四五千间。幸各衙署得保无恙，至老太保庙亦被焚毁。”江浙沪舆论界大声呼吁：“愿广大善士，恻隐为怀，广发慈悲，急筹抚恤，推食解衣，全活民命！”这便是记载在定海旧史上的惨痛一页——“辛卯大火”。

定海直隶厅同知黄树藩率全城军民灭火救灾，见“火既灭，即出俸钱抚灾民”，倾囊捐献重建家园，并如实上报灾情，求上官救黎民之苦难。一边召父老议建公墙，防患于未然。浙省巡抚叶赫崧骏、宁波关道道员吴福茨也多次捐资拨款、实地勘察灾情。为恤民救灾和筑建定海公墙（封火墙），善士丁松生、施少钦、施志仙、王克明等慷慨解囊，在外经商与任官的定海人林感亭、高柳堂、孙雪湖、陈怀之、武新余、朱萃夫、许召庐、金壬口、口捷三、白复三、陈晓雯、郑莲溪等董其事并参与工程的建设。

城关士绅、商家、百姓集资在城关中大街、东大街、南大街、西

“公墙碑”

大街闹市建筑封火墙多道。其中，南大街城门内一道，在心益斋药店与广式糕饼店间（原市食品一店旁），一道在东大街辅仁栈房与理发店间（市建行大厦旁），一道在状元桥西脚跟，一道在西大街柴水弄口何大泉膏药店旁，一道在西大街绥之医院和孙氏染店间。中大街虽短，也有风火墙两道：一道在西医院与咸货店间，一道在城隍庙开口沙宝照咸货店和颜东林棺材店间。风火墙构筑后，城内火灾损失大为减少。除民国九年（1920）横街发生大火，焚毁店铺20余家、房屋80余间，城关虽有小火之患，但再无大火之灾。自此，城关百姓无不赞叹风火墙之神奇功能，敬墙如日月神明，似防火消灾之保护神。而后，大户人家造房盖屋也纷纷筑防火墙，如东管庙弄“七十二家房客”王家老宅等。定海公墙2000年进行维修，现存四道，分别位于：东大街16—18号之间，长55米；西大街40号西侧，长28米；中大街1号，长22.8米；中大街25号，长22.20米。这四道公墙高度均为6—8米。在大街通道处均设半月形洞门，门宽2.85米，高4米。此外，还留有“公墙碑记”一道，系定海进士、翰林院庶吉士王修植撰文，武联逵书写。碑原立于城隍庙。

清康熙诰封陈布禄圣旨

阿　能

圣旨，是指中国封建社会时皇帝下的命令或发表的言论，用绫锦织品上好蚕丝制成，图案多为祥云、腾龙、瑞鹤。

康熙诰封陈布禄

这道清康熙皇帝诰封圣旨是康熙三年（1664）二月时，依惯例嘉奖功臣，颁给时任“白身佐领” 陈布禄的诰命。圣旨用汉文和满文两种文字书写，其中，汉文行款从右至左，满文行款从左至右。满汉两文最后的年号落款处，均印有红色大印，由满汉两种文字组成，汉字为篆体。这道圣旨为清朝发生在舟山的“南明战役”研究和考证提供了史料佐证，具有很高的史学和文化研究价值，可以说是目前发现的舟山“南明战役”仅存的官方实证，现存于舟山市徐正国博物馆。徐正国是杭州市收藏协会会长、舟山籍实业家，他经常收藏流失在外、与舟山有关的文物。这道康熙皇帝诰封圣旨是十多年前，他在德国发现后，花重金收购带回收藏的。就文物本身来说，这件圣旨金黄色，制作精美、庄重大方、十分珍贵，但因时间久远，且流失于海外，导致保管不妥，多处破损，品相不怎么好。

诰封正文中，汉文用楷书书写。满文部分共计25行：“奉天承运，皇帝制曰：朕性尚德崇功，国家之大典。输忠尽职，臣子之常经。古圣帝明王勘乱以武，致治以文。朕钦承往制，甄进贤能，特设文武勋阶，以彰激劝受。兹任者必忠以立身，仁以抚众，知以察微，防奸御侮，机无暇时。能此则荣及前人，福延后嗣，而身家永康矣，敬之勿怠。

“陈布禄原系白身佐领，出征浙江舟山贼伪总制陈六御、英毅伯

康熙诰封圣旨片段

阮四、叛贼张洪德等三万余兵，乘船二百余只排列海内迎犯，乘船击战时，尔司副都统吴喇禅等击败之。出征云南入缅国时，至缅国阿坍城获伪永历，因率本甲嗽效力，故授为拖沙喇哈番，再准袭一次。

“康熙三年二月初八日

“病故将亲男鲁寿，仍承袭拖沙喇哈番，阵亡准袭，病故不准袭。

“康熙三十三年正月二十五日”

八旗子弟陈布禄家族

陈布禄，满洲正蓝旗人，世居觉尔察古城（抚顺新宾满族自治县永陵镇）人，从征俄罗斯叙功授云骑尉（五品世爵名，乾隆元年改拖沙喇哈番）。康熙二十一年（1682）十二月，陈布禄为正五品刑部郎中。祖父达海，弱冠随值清太祖爱新觉罗·努尔哈赤左右，赐号“巴克什”，治国书，创满族文字，为文馆领袖，满洲群推为圣人，三十八岁病逝。

长子雅秦，官至吏部侍郎，擢国史院大学士，卒后命改一等阿达哈哈番兼拖沙喇哈番。次子辰德，其后仕未显。三子喇扪，官前锋统领，赠拖沙喇哈番。四子常额，授学士。

发生在舟山的“辛卯战役”

明亡后，明鲁王朱以海监国，于顺治六年（1649）驻舟山设行宫，与清朝展开一场攻守战。舟山战役，是顺治八年（1651）清王朝消灭南明鲁监国政权的一次重要战役。此役，朱以海的根据地被清军摧毁，兵力也受到极大损失，被迫南下依附郑成功。

顺治八年，清军着手部署进攻舟山，清浙闽总督陈锦、平南将军固山额真金砺、固山额真刘之源、提督田雄、浙江巡抚肖起元会商预定八月二十日三路会攻舟山。朱以海决定留荡胡侯阮进带领水师扼守定关海域，安洋将军刘世勋、都督张名扬、中镇总兵马泰等领兵三营防守舟山城；鲁监国和兵部侍郎张煌言、定西侯张名振分别率领军队乘船南北出击，企图使清军陷于顾此失彼的困境。

八月二十一日，陈锦、金砺、刘之源、田雄和定海总兵张杰率军乘潮蜂拥渡海。舟山群岛明军集合战船，由荡胡侯阮进统领迎敌。双方相遇，激战于舟山横水洋。阮进被清军擒获，第二天因伤重而死。

清军就在当天下午进抵舟山登陆攻城。舟山城中的明军将领如安洋将军刘世勋、都督张名扬率领营兵五百名、义勇数千人背城力战。从八月二十二日激战至九月初一日，张名振麾下中军金允彦和巡城主事邱元吉降清。

朱以海、张名振、张煌言、阮美、阮骏等人痛惜舟山失守，但已无可奈何，被迫移舟南下温州海域的三盘。顺治九年（1652）正月，郑成功同意鲁监国朱以海和部众进驻厦门。不久，朱以海被移往金门居住。

九月初二日，围城清军采取挖城竖梯战术，从舟山城西面突破明军防御，蜂拥入城。刘世勋、张名扬、马泰率领部下将士英勇巷战，力尽阵亡，舟山城失陷。明鲁监国正妃陈氏等投井而死，西宫妃荣氏和世子留哥被清军俘获；大学士张肯堂、礼部尚书吴钟峦、兵部尚书李向中、工部尚书朱永祐、通政使郑遵俭、兵科给事中董志宁、兵部职方司郎中朱养时等都自杀殉国。清军入城后，大肆屠杀，定海被杀军民达1800多人，定海几成空城。该役史称“辛卯之役”。

清军在顺治八年攻占舟山后，留军戍守，结果被郑成功大批海师包围。顺治十二年（1655）十月二十二日，甘辉、王秀奇部郑军进抵舟山，次日围城；张名振部也从崇明一带沙洲南下参加战役。二十六日，明军收复了舟山群岛。顺治十三年（1656）八月二十二日，清宁海大将军宜尔德、提督田雄指挥满汉兵再次进攻舟山。明将阮骏等率领舟师迎战。到二十六日，清军全力来攻；阮骏伤重而死，总制陈六御，总兵张洪德、张晋爵、李廷选、阮凯、姜英等阵亡，残余明军乘船逃往外洋。次日，清军在舟山登陆，占领群岛。为了防止明军重来，清方文武官员商议后决定把该岛城郭房屋全部拆毁，居民统统赶回大陆。

清军再次进攻舟山

顺治十七年（1660）八月，在平西王吴三桂的请求下，清廷决定出兵缅甸，迫使其交出明永历皇帝，并且摧毁在云南边境地区继续抗清的李定国军。内大臣一等公爱星阿被任为定西将军，率领满洲兵马赴滇，同吴三桂一道负责进军事宜。

永历十五年（1661）三月，郑成功率领将士25000人，分乘几百艘战船从金门出发，准备夺取台湾为新根据地。同年八月十二日，缅王以饮咒水盟誓为名，杀害了永历朝42名大臣和太监；十二月初三，缅王迫于压力，将永历帝及其家属送交清军带回昆明。

永历十六年正月，侵占台湾的荷兰军向郑成功投降。四月十五日，永历帝与其子朱慈煊被吴三桂绞杀于昆明。

短姑道头：地名创意造就的普陀胜迹

孙　峰

“短姑圣迹”是明代普陀山关于观音显灵的一个传说，反映了观音大士大慈大悲的亲民形象，这对明代普陀山的佛教传播颇具影响。“短姑圣迹”的故事使妇女信众倍感温情，可以说是明代普陀山佛教通俗化的一个缩影。短姑道头也见证了明代普陀山万历中兴的繁华。揭秘“短姑圣迹”的背后，竟然有一段地名创意的佳话。

一、明《普陀山志》中关于“短姑道头”的记载

“短姑道头”一词，最早见于明代文士周应宾所著的《普陀山志》。其云：

“在山西南隅，莲花洋达岸处。相传大士显灵筑砌，巨浪冲激不坏，航海者维舟于此。自此，由白华岭至普陀寺，路约三里许。旧湫隘不堪行，督造张随开拓平广。”

传说短姑道头是观音显灵所建，关于这个“显灵”，周应宾是这样详细介绍的：

“有嫂姑到山，将及岸，姑适月来，止舟中，嫂独往。俄有媪到舟，以裙兜石砌步引姑上殿。嫂下，失姑所在。后姑下，询是媪引。复同姑觅之，宫殿俱无，始悟媪即大士也，遂名短姑道头，石砌冲激不坏。近时有哨过洋，舟空压泛。偶一舟载此道头石，不能行。悟还本处，舟遂移，石砌如旧。”

在这一记载中，值得注意的是，周应宾并没有刻意强调嫂子对小姑的抱怨和不满，好像并没有“短”的意思。周应宾这两段记载要强调的内容在于观音显灵，短姑道头是观音大士用裙子怀兜石子边走边扔，步步筑砌而成的道头，巨浪冲击不坏，成为朝圣泊船停靠的天然埠头。后来明万历年间督造太监张随对道头的“接线”道路进行开拓平广。现在的短姑道头，则是清光绪三十一年（1905）普济寺住持了余、莲禅捐资，用条石砌成长 120 多米、高 4 米多、宽 7 米多的条石埠头，长长石阶一直延伸到湾中，犹如一条舌头。

可能是后人对周应宾所记载的故事感觉太简短而不满意，于是民间进行了更具情节性的描述和诠释，更多地强调“短”的细节。如，刻画嫂嫂的埋怨，说：“你怎么这么不争气呢？大老远来敬香，还进不了庙！”……嫂嫂只好带着对小姑的不满和埋怨，独自登岸去敬香。

观音砌石而成道头的故事，也更具有亲和力，增添了观音为小姑送饭的细节，充满了满满的慈悲温情。如，民间故事中说“小姑一转眼看到一位乡村姑娘打扮的人手提着饭盒，往水里扔了几块石头，就踩着石头登上了船”。也有说是一老媪为小姑“箪饭”，其实都是描述观音菩萨显灵。今短姑道头旁时时隐没于潮水中的石块，传说就是观音菩萨上船送食物时投向潮水里用以垫脚的石块，后来便被称作“短姑圣迹”。岩石上至今留有“短姑古迹”“慈航普渡”“第一佛国”“乐土”等题刻。

二、“短姑”其实是“短股”的谐音

在读小学的时候，我就朦朦胧胧地知道一些“短姑圣迹”的传说。长大了，总想知道这个地名的真实由来。短，就是说长论短，说人家的不是，其作为动词是不太常用的，这应该是属于一个非常书面化的语言，不像是一般老百姓的表达方式。为什么偏偏会选择这个不太常用的“短”字作为地名？我想这一定是某个文人对某个老地名的合理想象与解读。

一个偶然的机会，我发现了这个地名的真相。

某一天，在学校图书馆翻看元《大德昌国州图志》，这是一本线装的复印本，其卷二“乡村”中记载当时的安期乡包括今普陀山、桃花岛、朱家尖、登步、虾峙等诸岛屿。其中有住人的“岙”四十七，包括“梅岑、外党、桑木湾、里党、长股、短股、木邱、黄砂、大马秦”等等。“短股”一词，引起我高度的注意——莫非，这就是普陀山古老的短姑道头的前身？

梅岑，就是普陀山，这是因为传说有汉代道士梅福曾经在普陀山炼丹，留下了炼丹井这一古迹，至今还有梅福庵这一古寺院。那么，“外党、桑木湾、里党”又是在哪里？是否也在普陀山？如果是，那么后面的“长股、短股”属于普陀山地名的可能性非常大。

翻看南宋文人赵彦卫的笔记《云麓漫钞》卷二关于“补陁落迦山”有这么一段话：“东曰盘陁，又东曰白衣峰，又东曰圆通岭，又东曰古寺基，又东曰里党外党，又东曰桑木湾，下曰木柆，东即大海。”这个南宋文人对普陀山地名的描述竟然这么详细，这一系列的地名“里党”“外党”“桑木湾”与元《大德昌国州图志》的记载分毫不差！真是奇哉，由此可见地名的生命力非常强。虽然在《云麓漫钞》中未能找到“长股”“短股”两个地名，不过，我认为这个“短股”应该和前面的几个地名一样，也是属于普陀山的，“短股”十有八九就是“短姑道头”的前身。那么，为什么称之为“短股”呢？

普陀山文化研究学者王连胜老师帮我解开了谜团。

他提供给我的一则明代普陀山游记，明确指出短股就在普陀山。明太祖朱元璋的谋士，被戏称为“二军师”的姚广孝曾经游普陀山，他在《游补陀洛伽山记》中说：“自邑之沈家门，再渡始抵其山。舟泊山趾，有石若人髀干，横出于海水，曰短股。人自短股，乃登麓路，蜿蜒而上二里许，有补怛洛伽山之门。”姚广孝认为海边的几个石头有些像大腿骨的肉，因此乡人称之为“短股”。这个俗不可耐的名称似乎才更符合海岛村民对于乡土地名的命名习惯。

后来“短股”无意间演变成“短姑”，并被创意出美妙的观音传说，真是民间有高手。这可能已经是明代的中后期了。

几块顽石，一段民间传说，竟然造就了一个数百年让人难忘的名胜景点，这才是地名文化创意的杰作。

三、“短姑道头”传说背后的明代普陀山万历中兴

自唐宋至元，普陀山的主要码头是位于观音古洞山脚下的“高丽道头”，这是一处“万国梯航”的重要港口。至明代万历年间，“短姑道头”逐步成为普陀山的“标志性”地理名称，而“高丽道头”则不见记载。

万历十五年（1587），海防将领侯继高提师督哨，登临普陀山，他是从短姑道头上岸的。其在《游补陀洛迦山记》中说：“由短姑道头从陆行二三里，至宝陀禅寺，瞻礼大士。”

崇祯年间，文学大家张岱登普陀山，其在《海志》中云：“过金钵盂山，进石牛港、短姑道头，则恍如身到彼岸矣。”

显然，当时的短姑道头是善男信女朝山进香的第一站。短姑道头成为明代普陀山的重要地标，各方官吏、僧侣、善男信女纷至沓来，从短姑道头踏入观音道场，这也折射出明代普陀山万历中兴前后的繁华。万历年间，明神宗、皇太后等对普陀山格外垂青，多次赐赠《大藏经》等佛教经典，赐帑金修建寺院、桥梁、香道等基础设施。据民国《普陀洛迦新志》记载，万历年间累计布施就达九次，从万历三十年到万历三十九年（1602—1611），皇家先后赐银 11000 余两给普陀山，大批物资运送到普陀山，短姑道头常常是门庭若市。

先有短股，然后才有短姑道头，再有“短姑圣迹”的传说，最后创意出这个令众多香客驻足流连的佛教胜景。这个传说应该是明代某位文人对“短姑道头”的一种富有创意的天才设想。这个故事能够观照现实社会生活，符合民间审美习惯。它以某个关于女性生理现象的封建禁忌为铺垫，又把观音菩萨的慈悲形象塑造得非常人性化。因此“短姑圣迹”的故事尤其使妇女信众倍感温情，这一故事的广泛流传，使得观世音菩萨慈悲形象深入人心，对世俗民众产生潜移默化的影响。

金塘杨希栋父子与百年大鹏山灯塔

孙　峰

定海金塘镇大鹏山是省级历史文化名村，2018 年大鹏山还被列入“中国传统村落名录”，成为舟山第二个国家级传统村落。岛内有许多百年以上清代风格的古民居建筑，其建造者多数为旧时海运从业者——“南北号”船主。大鹏山岛的大鹏山灯塔，又名太平山灯塔、烈表嘴灯塔，作为浙东沿海灯塔之一，是目前定海区唯一的全国重点文物保护单位，该灯塔的首造者为大鹏山乡绅杨希栋，是大鹏岛“南北号”船商的代表人物，其子杨圣波于 1933 年重修灯塔。杨希栋父子为近代大鹏山的开发建设作出了很大贡献。

一、杨希栋别名及其相关文献记载

据《金塘志》记载：“杨希栋（1849—1924），小名阿堂，沥港大鹏人。杨氏十余岁随父在家乡撑船度日。”该书记载杨希栋的小名为“阿堂”。同时，在《金塘志》的人物索引中，有“杨希栋（世棠）”条目，说明杨希栋又名“杨世棠”，“阿堂”为当地乡人之俗称。

杨世棠，当地也有记载为“小名世堂”，太平山灯塔文化展示厅有《杨家父子与太平山灯塔》介绍：“大鹏山士绅杨希栋，小名世堂，时在南北号木船任出海（业务）。所谓南北号木船，即由福建装运木材驶往上海、青岛等处销售之帆船。”

关于杨世堂、杨世棠别名的记述，见诸各类 20 世纪的早期文献。

1933 年 5 月 8 日的《申报》刊登大鹏山烈表嘴灯塔广告，其云：“窃定海岛屿林立，航行险阻，杨公世堂前造灯楼一座，航商德之。”文中的“杨公世堂”即杨希栋。

查阅《申报》，还发现署名“杨恕堂”的一则声明，也与烈表嘴大鹏山灯塔的修建有关。“杨恕堂”与“杨世棠”，按舟山方言读，发音非常接近。根据灯塔广告内容看，杨恕堂可能就是杨世棠。这则《烈表嘴灯亮声明》广告于1910年10月13日至15日连续三天刊登于《申报》，内容如下：

启者：烈表嘴于光绪三十年冬建设灯塔，只燃白亮且未尽美。兹特八月间良工精修，加灯添油，顿见白亮，对照大北兼西向格外光明。又新燃红绿灯各一盏，红亮系对西北向干峙山直开，绿亮系对大北兼东向大髻果西嘴，庶俾红船避险辨歧，永资保卫，恐未周知，耑此声明。经理杨恕堂启。

这则《烈表嘴灯亮声明》署名“杨恕堂”，作为灯塔修造经理人（当事人）发布，是极具文献价值的原始材料。它反映了烈表嘴灯塔的初创历史，一是光绪三十年（1904）冬第一次建塔；二是1910年8月重修灯塔，于当年10月告峻。这两个时间，足以纠正以往地方文献对大鹏山灯塔建塔时间的错误记载。如，民国《定海县志》记载：“金塘沥表觜灯塔，清光绪二十八年，商人杨希栋等募建”，“沥表觜”即“裂表嘴”，光绪二十八年（1902），可能是杨希栋开始筹资募建时间，而实际建造时间应为光绪三十年冬。关于第二次修塔的时间，《金塘志》记载：1912年“邑人筹资重修裂（冽）表嘴（太平山灯塔）”，根据《烈表嘴灯亮声明》，这一重修应该是在1910年完成的。

二、杨希栋与宁波“南北号”船商

关于杨希栋的职业生涯，目前多数文献认为其二十余岁赴沪，在“南北号”木帆船当水手，往返于上海、福建、浙江、山东沿海各港口装运木材。这一点是对的，笔者曾经采访过杨希栋的孙子杨立正，据其介绍说，杨希栋往返于上海、福建装运木材，其奶奶即是福建人，是杨希栋在福建装运木材时所娶。

“南北号”船帮，是近代浙东宁波地区的商业船帮，其源于南宋，盛行于清季，山东、江苏、福建等沿海南北商人集聚宁波，开设商号，运销南北特产，经营南方贸易的称“南号”或“南帮”，经营北方贸易的称“北号”或“北帮”。至嘉庆、道光年间，宁波南北号商贸进入黄金时期，“商业船帮总数不下六七十家，约有大小海船400艘”。而随着近代上海开埠，“南北号”也逐步向上海转移，船商多集聚吴淞。大鹏山的船商也是在清代宁波“南北号”商贸发展中逐渐壮大，杨希栋就是其中的代表人物。

杨希栋最初是在“南北号”木帆船上做水手，后来成为“出海”（即业务员），到其晚年已经成为船商，拥有自己的船舶。

作为船商的杨圣栋，凭借其古道热肠和公益情怀，在南北号商帮中具有一定的威信，深得船商信赖，故而能够募集资金，同时他也常常为民请愿，据理力争，向政府提出诉求，为船民造福。

三、杨圣波自号“安澜”

何雷书在《定海历史名人传录》中介绍：“杨圣波（1901—1940），小名宝训，定海沥港大鹏人。”其实除了“宝训”小名外，杨圣波自己曾取号“安澜”，这一称呼见诸旧时文献。

1933年5月8日的《申报》刊登《定海沥港裂表嘴灯塔竣工定期发光启》声明，其云：“窃定海岛屿林立，航行险阻，杨公世堂前造灯楼一座，航商德之。今其嗣君安澜先生，出资万余，新建高塔一座，仿照江海关程式建筑，于本年二月开工，费时百有余日……”

文中的“杨公世堂”，即杨希栋，其小名“世堂”。“嗣君安澜先生”，就是杨圣波，其自号“安澜”。

1937年编印的《交通部上海航政局及所属各办事处职员录》，里面记载有杨圣波在上海航政局的职务等信息，其中记载杨圣波“别号安澜”。“安澜”一词，语出西汉王褒《四子讲德论》：“天下安澜，比屋可封”，其义为水波平静，也喻作天下太平。杨圣波给自己取号“安澜”，一方面是受家族文化的影响，其父亲杨希栋早年从事海员职业，常年“出没风波里”，杨希栋给两个儿子取名杨圣波、杨圣涛，都与大海有关，杨圣波取号“安澜”也是其作为海岛儿女的一种情怀，一种祈福，祝父老乡亲们海上平安；另一方面也表明了其志向所在，杨圣波曾任职于上海海关、上海航政局，作为一名海上交通的管理者，他也期盼海上交通安全，国泰民安。出于这种情怀，这种志向，“安澜先生”接手父亲的遗愿，于1933年斥资万元重修大鹏山灯塔，为过往商船导航。因此，探究杨圣波的别号“安澜”，颇有意义，从中可以体会到杨圣波的公益情怀。他在家乡大鹏山修建港埠道头，兴建海塘和碶门，无不与其“安澜”理想有关。

四、杨圣波重修烈表嘴灯塔

杨希栋向“南北号”船商等筹资募建灯塔，于光绪三十年冬建成灯塔，塔为砖垒，顶端四周围玻璃，内置煤油灯为光源。至1910年10月，杨希栋又筹集资金对灯塔进行整修。至1933年，杨圣波斥资万元，再一次重修灯塔。塔用水泥改筑，圆柱形，白色，高8.9米，内铸铁质旋梯迂回可达顶端。灯高海拔87米，光源改为汽油灯，光线较前强数倍。又新建西式洋房3间，供管塔人居住。当年的《申报》发布了两则消息，在烈表嘴灯塔的设计者、监造者及建造时间等方面提供了更多信息，能填补史料之不足。

其一是1933年5月11日的新闻稿，以《定海裂表嘴灯落成》为题，云：“定海县属沥港鹏山洋面，汊港分岐，岛屿林立，航行者苦之。该邑士绅杨圣波氏，秉其先人遗志，独斥资万余金，于该处要冲裂表嘴地方，建设高大灯塔，由方有度君设计监建，现已竣工，即日放光。其嘉惠往来舶商，洵非浅鲜，至该塔所雇工役及灯油等一切经常费用，胥由杨氏独力负担之。”

其二是烈表嘴灯塔的设计者方有度的一则声明，1933年5月8日的《申报》刊登，其云：“安澜先生出资万余，新建高塔一座，仿照江海关程式建筑，于本年二月开工，费时百有余日，由余聘请任筱和、筱甫代为建筑，业已竣工。此次招商局广济船主徐敏志君到岛勘视，称为华人所造者，当推为第一。该灯定于五月十五日放光，诚恐航行者未知，特登申新两报，以告往来舶商，裨有指津也。方有度谨启。”

关于建造时间，《申报》上明确提出，是1933年2月开工，费时一百多天，于5月15日正式放光。该灯塔由杨圣波斥资万余兴建，且竣工投用后的雇工及灯油等日常维护费用均由杨圣波承担。

裂表嘴灯塔的设计者、监造者为方有度。方有度，浙江黄岩人，从事渔、商等业，曾参与定海籍实业家许廷佐倡导的三门湾开发计划。

裂表嘴灯塔的建造者，是被称为“二难兄弟”的任筱和（1876—1944）、任筱甫（1879—1953）兄弟，象山东门岛人。任氏昆仲在象山、沈家门多有投资，从事渔、商诸业，且热心公益，凡修建、管理灯塔等事尤为热心，先后募资修建象山东门岛灯塔、台州磨盘山灯塔、定海菜花山灯塔等，具有丰富的建塔经验，因此深得杨圣波和黄岩士绅方有度的信任，被聘参建烈表嘴灯塔。任氏昆仲，生活俭朴，辛勤积蓄，为公益而散尽家财，至老不朽，诚为难乎其难，故时人称之为“二难兄弟”。

烈表嘴灯塔的建造，涉及许多热心人士，从史料记载看，有大鹏山的杨希栋父子、黄岩乡绅方有度、象山任氏昆仲等。这一公益行动也得到社会各界的关注和褒奖。民国二十四年（1935），时国民政府题颁杨世棠“心存利济”匾额，并颁给杨圣波“继志为善”匾额。父子同受表彰，一时传为美谈。

历史氤氲倭井潭

王兰飞

一

长涂岛是位于舟山本岛东北面的一个悬水小岛。一条长涂港从中间逶迤而过。港北的小长涂，群山连绵，坡岭起伏。在东北端的山脚下有一口小水潭。潭水清澈甘甜，常年不竭不溢，成为周围一带村民的生命之源。

村里人平常汲水饮用，担来桶往，络绎不绝，空闲的时候，还喜欢聚集在潭边，聊天闲谈。它是长涂岛人生命中的一部分。为了保护它，他们甚至不惜献出性命。

明朝中后期，浙江沿海倭寇横行。有一年，一队倭寇流窜到了长涂岛。他们四周察看一番后，发现这里四面悬水，山势险峻，地形曲折，道路迂回，丛林茂密，于是企图在这里长期盘踞，以对抗戚家军。

他们上岛后当即霸占了山脚下的这口水潭，作为长期盘踞的第一步，不容许岛上百姓取水饮用。

一场护水之战，顷刻间就爆发了。

尽管百姓赤手空拳，战斗力差，多次抗争均未奏效，但他们团结一心，从不气馁。在与倭寇顽强的对峙中，涌现出许多可歌可泣的英勇传说。其中最感人的是三姐妹抗倭夺水的故事。

这三姐妹都不到二十岁，父母双亡。她们的家就在水潭旁边的山脚下，每天都要从这里取水煮饭。现在水潭被倭寇霸占了，连饭都无法做了。三姐妹对倭寇恨之入骨。

她们知道自己身单力弱，无法正面与倭寇斗争，就想了一个办法。

有一天夜里，她们偷偷潜行到水潭边，往水里倒了许多砒霜，希望能毒死这些强盗。不幸的是，她们被发现了。三姐妹转身朝身后的山上逃去，倭寇在后面紧紧追赶。三姐妹翻过了一个又一个山头，最后逃到了海边。脚下是悬崖峭壁，波涛汹涌，身后是穷凶极恶的倭寇。三姐妹不甘被俘受辱，手牵手，纵身跃入了大海。

多年后，由于潮汐变化，在她们投海的地方，出现了三块岩礁，形似婀娜多姿的少女。当地老百姓为纪念三姐妹的英勇壮举，就将这三块岩礁称作“三姐妹礁”。

长涂岛的人们，就这样团结一心，英勇不屈，在长达两年多的时间里，以各种形式抵御倭寇，使他们一天都不得安宁。

1559 年入秋，浙江参将戚继光部队在岑港取得抗倭战役胜利后，乘胜追击，包围了长涂岛。军民团结，里应外合，一举扫平了盘踞在岛上的倭寇。这口水潭，从此又回到了长涂人民的怀抱。

水潭归来后，为了纪念这一场抗争，人们将它改称为“平倭井”，并在井旁立一石碑，上镌“抗倭碑”三字。但本地的岛民习惯了水潭的称呼，于是又把它叫作“倭井潭”。当地的村庄亦被称作“倭井潭村”。

二

倭井潭水哺育着长涂岛人。这水还催生了一种叫作“倭井潭硬糕”的著名糕点。

“倭井潭硬糕”是长涂岛的特产，也是舟山群岛的著名品牌。

表面上看，它是一种普通的粉糕。但是它坚硬如铁，年轻人的牙齿咬下去，也只能撼动很小的一个角。心急的人会使用小榔头来敲碎它，但是更多的人，愿意用舌尖的水，轻轻地滋润它，一点一点地加以融化，然后再慢慢食用。它的硬度是任何糕点都不及的。它的食法体现出一种海岛人特有的“慢生活”雅致。

传统的“倭井潭硬糕”的做法非常讲究。它选用优质糯米磨成粉，加上白糖、芝麻等辅料，经炒、磨、拌、扞、蒸、焙等多道工序加工而成。

又硬又香，这是保持传统“倭井潭硬糕”名扬四方的根本。

“倭井潭硬糕”的来历也被代代相传，现在成了硬糕的生产单位有意培植的企业文化的一部分。传说清光绪年间，一位名叫林纪法的内陆人，挑着一副箩筐。箩筐的一头是他的孩子，另一头装着生产糕点的工具，从黄岩一路翻山越岭，又跨江渡海，来到了长涂岛安家落户，并开办了做糕点的小作坊。他家祖上都是做糕点的，还形成了一个品牌叫作“老万顺硬糕”。但是他来到长涂岛后，最初做出来的糕点，味道并不怎么好，岛上人不喜欢吃。他知道这与水土有关，但不知如何入手。

有一天他路过倭井潭的时候，因口渴，就用潭边的毛竹筒舀了一灌水，水入心肺，觉得清凉异常，舌留清甜。他心里一动，就挑了一担潭水回到店里，烧开后用来和面，结果做出来的糕点香飘四溢，与以前完全不一样。“倭井潭硬糕”就这样诞生了。

流传至今的“倭井潭硬糕”，颜色鹅黄莹亮，品质硬而不坚，入口香甜，不粘口齿，能满足现代人对食品色香味的要求。最难能可贵的是，它不添加任何防腐剂，也可保存 10 个月之久。

“倭井潭硬糕”与这“倭井潭”水一起，构成了长涂岛人独特的精神风貌和人居品质。

三

在“倭井潭”北面的山脚下，有一个山窝。山窝里有一座规模不大但非常精致的“参府庙”。这是岛上居民为纪念当地戚继光部队的一名将军而建的。正是这名将军，率军歼灭了盘踞在长涂岛的倭寇，帮助大家夺回了水潭，而自己却英勇地牺牲在这里。

由于戚继光在任浙江都司佥事，防守宁波、绍兴、台州三郡的时候（嘉靖三十四年，公元 1555 年），还同时担任过参将一职，当地人就把这座庙宇称作参府庙，用戚继光的官衔来代称戚家军。

参府庙既是一座纪念性庙宇，也是长涂岛人自己的“村庙”。自从它出现的那一刻起，就成了村里的一部分。它几次倒塌又重建，几次被挪作他用又回归本原。

几百年过去了，一座原来只有三间屋宇的小庙，变成了现今高大精致的参府庙。它占地面积约为2670平方米，设前大殿五间，正大殿七间，两厢廊坊各五间，进门有戏台，前大殿正门上方挂有“参府庙”金匾一块，正大殿正门檐下镌刻有“今古鉴”三字的金匾，殿内端坐着“参将老爷”塑像一尊。

岛上人传说农历十月初一是戚继光的生日，每年参府庙里都要隆重举办“参将老爷”诞辰庆典活动。这种庆典的仪式非常特别，含有深刻的意义。一排长桌子上，供奉着各种水果、糕点和酒水。与众不同的是，盛酒水的杯子多达几十个。这些酒杯密密麻麻地并排放在长桌子上，象征着当年参加围歼长涂岛倭寇而英勇献身的戚家军将士。所以这座参府庙，供奉的不仅仅是一位“参将老爷”，而是所有的将士。这充分表达了岛上百姓知恩图报的善良品德，同时也锻造了长涂岛神圣不可侵犯的集体精神。

这种感恩祭奠活动，近几年来，渐渐从普通民众扩大到了渔船、个体业主，实际上成了长涂岛人祈祷生活平安幸福、生产顺利丰收的祈愿仪式，形成新的民风民俗活动。

四

参府庙与倭井潭一起构成了长涂岛最著名的人文景观。

后人在倭井潭四周砌上青石围栏，围栏上雕刻岛民与戚家军同倭寇浴血奋战的情景，使先辈保卫家乡抗击倭寇的英勇事迹世代流传。现在的倭井潭是岛上颇有名气的旅游景点，许多上岛来的人，都会慕名到此一游。2005年，一位从小离井的岛民回乡出资建造起一座高10余米、宽10余米巍峨的牌坊，红色的四根柱子，翘檐的二层牌盖，它与旁边的“抗倭碑”一起构成了一座历史的雕塑，彰显着热血岁月和赤子情怀。

这里也是岛上最热闹的地方。每逢初一、月半，无数的岛民都会自觉地前来朝拜。若逢元宵等佳节，或者是海上捕鱼获得丰收，岛民会举办盛大的庙会。特地邀请来的戏班子唱起大家喜欢的越剧，台下观众击节相和，热闹非凡。

而在这样的时节，“倭井潭硬糕”是必不可少的一道点心。如今的“倭井潭硬糕”作了许多的改良。为了更健康，为更多的人所接受和喜欢，硬糕的硬度有所降低，含糖量也有所降低。现在的“倭井潭硬糕”变得更加柔和，而品种则日趋丰富。

进入海洋，顺着长涂港而来，走进倭井潭村，口含一块硬糕，凭栏瞻仰抗倭丰碑，顿觉历史风云滚滚而来！

岱山“方百万庄园”：一座凄美而迷离的古宅院

翁源昌

一幢老宅，一个传说，足以让一个山村遐迩闻名。地处岱山县岱东的方家岙底，就有这么一幢老宅院。其大名叫方百万庄园，还有一个与老宅相伴的金鸡发财传说，让多少人记住了方家岙底这一偏僻小村。

方家岙底，地处老鹰山下狭长的山岙里，当地人直截了当称作岙底。方家岙底现在是三面环山，然在五六十年前，这山岙是沙洋、冷坑山民到东沙渔镇购物做买卖的必经之地。不仅如此，这岙底里的方百万庄园，在以前则被民间称为出定海老城后的头牌“状元”名宅。“舟山出北门，方家头一份”这句老话头，说的就是方家岙底的方百万庄园。方百万庄园，建于清代，距今已有300多年，坐东朝西，由中南北三个院落组成，中院为主院，双层木质结构建筑，北院为四合院，由堂前间、左右次梢间及左右厢房组成，南院为三合院，由堂前间、左右次梢间及厢房组成。据说当年，整个庄园有70多间房屋，耗时三年多才完工。如今除了北院结构还比较完整以外，大部分已破败不堪，然其气势犹存。庄园墙门的高大造势，让人驻足流连；庄园檐廊残存的精致木雕，让人叹为观止。

精美绝伦的墙门石雕，让人赞叹不已

方百万庄园的宅院墙门造势非一般人家可比，在海岛舟山现存的老宅中，其墙门的气势、雕饰，无与伦比。

方百万庄园的主院墙门，不仅整个造型宽度之大，让人咋舌，而且雕饰精致，寓意深厚。墙门门框用粉红色石条构成，石条平滑细腻，应当是用银币打磨而成。粉红色的石门框上镶嵌了五个青色石雕，虽然部分已遭毁坏，但还是可以看出其精雕细琢之妙。特别是门框上方横石条上最中间的石雕和门框两角的石雕，其巧妙的布局，逼真的人物形态，精娴的雕刻手法，令人惊叹。

方百万庄园主院墙门的石门框青色石雕以人物故事为主，遗憾的是由于人为的损坏，石雕中的人物头像被毁十分严重，已看不出神情面貌，无法准确判断其人物身份，但从画面所存的一些图案来看，应当是历史上被民间崇为神仙的几位武将。横石条中间的石雕雕刻着两位身穿战袍的武将，有一位骑着一匹健硕的战马，马颈上的缕缕鬃毛，高耸的马尾，马背上的披甲，以及画面的亭台楼阁背景，依然清晰可辨。石门框左右角石雕所雕琢的人物也是骑着战马的武将，人物一侧还有鸾飞凤舞。其中门框左角所雕人物很像传统戏曲中的坐骑神将，披盔戴甲，左右肩背各插两支靠旗。若细看，似乎是头戴战盔，长髯拂胸，双臂平伸，其胯下战马前蹄向前撑，后腿向后蹬，画面极具张力。

门角内侧左右相对的石雕，所刻的图案是梅兰竹菊，其中一角雕喜鹊、梅花、竹子，四边云纹刻线；另一角则是兰花、菊花与喜鹊，四边同样是云纹刻线。左右两角雕刻都是非常纤细精致，线条流畅均匀，与青石石雕人物的雕刻技巧截然不同，一张一弛，动静相衬，极具艺术性。

主院墙门门框上方有三层装饰，以青砖为材料，寓意“白璧无瑕”。中间一坊用七个镜框形构成，而一般传统民居墙门中坊为五个镜框形。中坊与石门框之间的那一坊青砖，中间塑锦绣图案，两头是回字云纹，墙门门罩左右还有砖柱花篮。主院墙门整体布局构饰十分大气，局部细节之处是精雕细琢。

精致细腻的木雕，让人回味无穷

方百万庄园的木雕美不胜收，主院虽说只存檐廊以及内墙门，但精美的木构件所幸保存完好。

主院墙门内侧，是屋宇式的结构，券拱顶，木门上方有长长的石转轴，上面浅刻回字纹、“福”字以及花草纹等图样。左右两边有拱形门洞，所用材料为极其细滑的砖头，这些砖头都是用银洋细细打磨过的。门宇下的木构件都有精雕细刻的吉祥图案，梁枋上有寓意双喜临门的喜鹊、梅花，还有佛手、菊花、神仙人物等。门柱雀替有雕暗八仙、蝙蝠图案，也有雕展翅的凤凰等表示吉祥如意的图案。

方百万庄园主院祖堂（堂前间）、厢房檐廊木构件用材讲究，雕饰极其精致。祖堂现只残存檐廊，其中兽头梁枋，都是用厚度在 15 厘米以上的整块木料，上雕卷曲的飞龙。祖堂进门口上头还保留着一整条木雕连楹，中间是蝙蝠，两边是展翅的双凤，组成了一个祥瑞吉庆的图案。凤凰虽是传说中的神鸟，然无论庙堂还是民间，有凤来仪一直被视为祥瑞之兆。《史记·夏本纪》有云："鸟兽翔舞，箫韶九成，凤凰来仪，百兽率舞，百官信谐。"方百万庄园主院祖堂间的有凤来仪木雕，显然也是为了寄托一种美好愿望。

这种意愿在其他木构件雕饰中也得以充分展现，祖堂、厢房廊柱上方的雀替，所雕的图案基本是草龙为主，雕工极为精美，龙头卷曲轻盈，龙身、龙尾则都是卷草形象，线条舒展流畅。在厢房的中间一间，我们还惊异地看到门柱上的牛腿雕饰图案，竟然是金鸡展翅，雕琢细致入微。古时金鸡为瑞物，太山之灵，传说声教昌明则金鸡现。方百万庄园里的金鸡展翅图，不仅有民间普遍的希望人丁兴旺之意愿，我想，还应当有屋主人知恩报恩的意思吧。

神奇的金鸡发财传说，扑朔迷离

岱山方家岙底方氏家族，清初自镇海骆驼方家宅基迁来。根据《宁波市镇海区地名志》（2010 年）介绍，镇海骆驼方家宅基方氏祖籍河南，自称系方卿后裔。明末，其先世任职镇海，后定居。清初，村遭火灾，一支迁岱山方家岙村。2018 年 8 月 15 日，我们在方百万庄园走访，住在北院四合院里的 84 岁的方家蒋阿婆告诉我们，方家到这里已经有 10 代了，她老公是第 7 代。过去这里是草屋棚，后来"发财公公"在这里造了三个院子，五六十年前，还是原来样子，有三道墙门，主院墙门有宫灯，有石对锣、石对鼓，有大祖堂、小祖堂，院了四檐相通，刮风下雨不湿鞋。

方百万庄园的肇造者，被后辈子孙称为“发财公公”的方百万，何许身份，何许经历，至今还有许多谜团未解，然方百万捡拾金鸡发财的传说，在岱山民间是广为流传。大家都说是方百万捡拾金鸡发财而富甲一方，于是造楼建屋，豪华至极。84 岁的方家蒋阿婆对这一传说也是深信不疑。她说：“发财公公”有一天傍晚从沙洋冷坑海滩推楫回来，经过泗洲岗墩，听见有小鸡叫，发现有一窝小鸡，就带回家里，第二天天亮小鸡竟然变成了金小鸡，于是就发财了。方百万发财后还曾捐助过岱山、嵊泗多处庙宇。

发生在方百万身上的传说，除了金鸡发财传说以外，还有不少故事，也是那么神乎其神，在舟山海岛可谓无出其右。2015 年 12 月 15 日的《今日岱山》，有记者袁佩华、通讯员吴露露写的文章，对笼罩在方百万身上的传奇故事进行了叙写。摘录其中一段文字：发了横财后的方百万买田造屋又开店，请许多工匠来做活，工匠都很卖力。其中一位外地来的石匠，按规定要在三天内完成一扇石窗门。头两天看他吊儿郎当与闲人下棋，主人嘱咐他限时交工。待到第三天吃点心饭去见他时人已不在，但石窗门已基本完工，只缺一只鸡眼睛。传说此人是仙人、奇人。

像方百万金鸡发财这样的传说，在其他地方也有类似的，这些故事有一些有趣的共同点。比如，故事中的人物原本都是贫穷落魄，他们心地善良，没有贪欲之心，而且都是起早摸黑，勤劳肯干。后来有了金鸡相助，苦尽甘来，平地起高楼建大厦。应了一句老话：好人善报，后福无量。

在海岛舟山，能够被民间冠以“庄园”之称的古宅院，只有岱山的方百万庄园。1992 年出版的《舟山市志》，称方百万庄园“为舟山今存唯一完整的清初民居建筑”。可惜才二三十年的时间，方百万庄园竟会破败到这样地步，真是令人遗憾。保护古建筑，不是一句空话，任重而道远。

岱山北峰村曹家古宅雕饰艺术的文化考察

翁源昌

曹家古宅位于岱山县岱东镇北峰村。岱东历史久远，位于北峰村的大舜庙后墩遗址是省文物保护单位，北峰村曹家曾是岱东乡政府所在地。目前，北峰村传统民居村貌虽已有较大改变，然还留存着三四幢比较完整的曹家古宅院，为清末民初建筑。其中一幢为台墙门古宅，院落结构完整，墙门气势轩昂，装饰图纹精美，文化韵味浓厚，堪称杰作。本文对其雕饰文化进行一些分析。

一、曹家古宅的墙门雕饰

宅门，在舟山俗称墙门，舟山传统民居宅门以随墙门为主要形式，其建筑形制丰富，雕饰工艺精湛，文化色彩浓厚，其中雕饰集中表现在门头、门楣等部位。

北峰村曹家古宅台墙门，庄严古朴。台墙门屋脊分上下两层，阶梯式的造型，气势夺目，这种墙门造型在海岛舟山所遗存的传统民居中已非常罕见。墙门雕饰虽不少已遭人为破坏，然从残存的局部雕饰来看，精彩纷呈，依然让人目不暇接。曹家台墙门在遵循传统民居固定的形制之时，有不少融入自家特色的雕饰作品，从墙门层层相叠的构成要素、丰富多彩的雕饰题材以及表现手法等方面来看，一定程度上反映了当年宅院主人的家庭经济生活水平，乃至他们对生活的期盼和意愿。

曹家台墙门由粉红色长石条作为门框，门柱上角相砌青色石雕，左为金鸡，右为凤凰。门框两边雕有倒挂的小狮子，这在舟山传统民居中是少见的，狮背上一圈一圈的波浪纹雕饰，刀工非常细致，狮子的前后爪上系有方胜结绳索，让人产生丰富的想象，只可惜狮首已被损坏。

曹家台墙门门楣有三枋装饰。下枋浅刻三条神采飞扬的龙组合图，中间是一条正面朝前，两翼飘逸，身披锦绣之龙；两边饰一对双龙，龙首向里卷曲，龙身飘逸舒展，龙首顶端处刻有如意图纹。中枋是五个镜框式雕饰，中间与左右三框为正方形，从残留的雕图细节来看，应当是戏文故事，有屋檐、窗户等，其中一框似乎是“文官坐堂图”，堂内端坐一人，身着袍服，其余人物已无法辨认。中枋雕琢手法多样，运用了深雕、浅刻、镂空雕、浮雕等手法，具有鲜明的立体感。门楣最上枋为三个长方形画框，所雕的是“梅兰竹菊”四君子图，现可辨认的只剩两框，中间框是盛开的菊花图，另一框雕三四根竹节，线条简练，非常古朴雅拙。门楣上中下三枋之间都有吉祥的纹样来相衬相托，如中坊五个镜框下相托的是一整排“卍”字纹，镜框上面用卷草纹相衬，最中间镶嵌一个“福”字。门楣最上枋左右两端，有花篮雕饰，上枋与屋檐之间，从残留的痕迹上看，有二三层花草纹样装饰。

曹家台墙门背面也有三枋雕饰，中枋、下枋镜框式中的雕饰图案尚可辨认，中枋是“四君子”图，下枋五个镜框内所雕的图案比较完整，中间与两侧长方框是道家的“暗八仙”图案。

走进曹家台墙门，只见两边墙体上雕饰同样令人惊奇，其墀头（又称“腿子”）盘头部分尚存部分图案，有楼台亭阁等灰塑痕迹，可惜前面灰塑部分所雕图样已基本损坏，墀头底脚石块刻线内雕金鸡、双鹿以及祥云、花卉等吉祥图案。墙门内壁梁枋、牛腿、雀替等，用材厚实，雕有象首、石榴等图案。

二、曹家古宅的木作雕饰

曹家台墙门古宅正屋面阔三间，左右库头各一间，两边厢房各三间，正屋用材讲究，前檐廊道宽大，廊柱圆粗，鼓形石础，古宅木质构件皆巧琢雕饰，尤其是梁枋、牛腿、雀替等构件，运用了浅雕、深雕、透雕、圆雕等手法，雕琢细腻，画面层次感强，具有很高的观赏和研究价值。

梁枋是曹家古宅雕饰的重点构件。位于檐柱和前金柱间的“抱头梁”，是最引人注目之处，故此，所选用的木料最为考究，雕刻也是古宅木构件中最为精致之处。曹家古宅明堂前金柱粗圆，靠近金柱的抱头梁高度超过120厘米，厚度足有25厘米，抱头梁底下镂雕盛开的菊花，以及如意、回字纹等吉祥图案，还有一个“福”字。菊花造型饱满，花叶雕刻细腻，非常有立体感。明堂前檐挑檐梁头雕刻为象首，卷曲的鼻子，滚圆的眼睛，十分精细。其寓意“太平有象”，吉祥喜庆。挑檐梁头还刻有梅兰竹菊，线条流畅，图案逼真传神，栩栩如生。前金柱上端安牛腿，牛腿上起斗拱，承托象首纹挑檐梁头，牛腿上刻有戏文故事，其中一幅似为诸葛亮出祁山图。

曹家台墙门古宅木作雕饰除了梁枋、牛腿等构件精雕细琢以外，其他地方也是极尽所能。如明堂间的两边内壁，是用经过刻线处理的木板；柱与柱之间的月梁枋，也是非常硕大，下刻菊花图案。台墙门内壁的梁枋、牛腿、雀替等，用材厚实，雕饰象首、石榴等图案。这些木雕构件雕工都十分精细，非常具有艺术价值。

三、曹家古宅雕饰的文化寓意

北峰村曹家古宅雕饰精美，令人称绝，而这些雕饰图案还寄托着屋主人的美好意愿，蕴含着丰富的传统文化内涵，体现了当时人们的审美趣味和价值观念。

1. 曹家古宅中的儒家文化印迹

儒家文化对传统民居影响很大，儒家的“仁、义、礼”等文化深刻地反映在民居建筑规格、布局、装饰等方面。北峰村曹家古宅雕饰内容与儒家文化所倡导的理念有着密切的关系。

例如，儒家的“中庸”思想对曹家古宅台墙门雕饰布局有一定影响。曹家古宅台墙门装饰布局对称平和。门楣装饰分上中下三枋，中枋是主体装饰部位，所占比例稍大于上下枋，上中枋由三个或者五个长短比例协调的方框组成，又以居中一个为装饰重点，三枋之间又以几何纹、花草纹为衬托，统一有序。这样的布局处理给人以平衡中和之感，很好地体现了儒家文化中的“中庸”“以和为美”的理念。

再比如，儒家“孝”文化对曹家古宅雕饰题材选择也有影响。曹家古宅明堂前挑檐梁头象首纹雕饰，除“太平有象”祈福用意之外，象首纹用在民居装饰中，还有表达一种孝心之意。在中华传统美德“二十四孝”经典故事中，“虞舜耕田”是第一位，“虞舜大孝，竭力于田。象鸟相助，孝感动天”。曹家古宅象首纹挑檐梁头，就有表达至孝之义。

2. 曹家古宅中的道家文化印迹

道家重视天人合一，道法自然，对传统民居文化的影响同样也是十分深刻。北峰村曹家古宅雕饰中所反映出来的道家文化，最直接的就是多处运用了道教“暗八仙”和“梅兰竹菊”图案。

例如，古宅台墙门背面下枋镜框内所雕张果老的鱼鼓、吕洞宾的宝剑、曹国舅的玉板等“暗八仙”图案，承载了屋主人对美好生活的向往与祈求，顺天应人，镇邪驱魔，心静神明。曹家古宅台墙门、梁枋等处雕饰的“梅兰竹菊”图案，所体现的就是对淡泊人生、天人合一境界的神往，究其根本就是道家人与自然和谐思想的文化渗透。

3. 曹家古宅中的祈福文化印迹

祈福是传统民居建筑装饰纹样选择的一个主要题材。历史上，北峰村曹家先辈以航运业为生，据传为防海盗抢劫，曹家大船上曾有两门土炮，而海上运输又常会遇见风暴巨浪，可以说祈福是曹家生活中的一个重要方面，这种心理也自然体现在民居建筑之中。曹家古宅墙门门楣中枋和正屋前抱头梁下镌刻一个“福”字，就是很好的见证。当然，这种祈福心理在古宅装饰中还有不少反映，例如，台墙门中憨厚可爱的“倒挂狮”，以及狮爪上的方胜结，都具有吉祥之寓意。台墙门门柱上角金鸡凤凰石雕，鸡鸣报晓，象征光明，鸡还与“吉”谐音；凤凰是传说中的瑞鸟，民间有“有凤来仪”之说，表示好运来到。台墙门中墀头底脚石刻双鹿、祥云、花卉等吉祥图案以及正屋梁枋、雀替等木构件上的石榴、菊花、回字纹等，都寄托了祈福之意。

综上所述，岱山县北峰村曹家古宅的雕饰图样、纹样，内容极为广泛，雕工精巧细腻，寓意十分丰富，所传达出的文化内涵，都是人们对于生活的一种美好愿景，具有积极向上的美学精神。曹家古宅是岱山传统民居建筑的典型代表，非常值得保护与利用。

三生三世一座瞭望楼

乐丽娜

沿着定海昌国街道留方社区平仄的弄堂一直走，在离镇鳌山麓总镇府不远的桑园弄，有一处在现代风格居民楼群环抱下的木结构的小楼，名曰“瞭望楼”。据史料记载，瞭望楼始建于清同治十年（1871）。对于这处小楼，总有很多的质疑声：“这处小楼地势不高，为什么叫瞭望楼，看得到什么？”“这里原来是马王庙吧？”“望海楼是不是这里？”……

红尘变幻，人世纷争，俗话说大隐隐于市，瞭望楼隐于红尘又给人超然世外之感，静看人间悲欢喜乐，分分合合。在历史变迁中，瞭望楼几经波折。

第一世：“瞭望楼”实为定海北城墙边的盘诘厅和窝铺，由正楼、窝铺、照壁等围成三合院建筑。正楼有二层：第一层为盘诘厅，是为加强城内治安盘查嫌疑人员用的，一旁是供守城士兵们睡觉的“窝铺”。第二层是守城将官的住宿处。据民国《定海县志·城垣》载：“同治十年，厅同知左征具详绅民，捐修城身二百一十余丈，城垛一千二百六十个，左右石梯二处，加高北城三尺，及窝铺、盘诘厅、瞭望楼，并开北喉（水门）……”因当时从龙峰山下来有一条“濠河”（护城河），水折南经北喉（水门）后流进城内支流“龚家河头”至长生殿旁，因北门瓮城建有真武宫，只能在北城脚水门边上修建城守营北门盘诘厅兼居所，盘诘出入北门、北喉的嫌疑船只和人员。

第二世：“瞭望楼”为马王庙塑像的暂居之所。据瞭望楼周边居住的老人描述，从他们记事起这里便是一座庙，附近老百姓都称之为“马王庙”。房子的布局基本未变，原来在北侧边门上挂有一块匾，上面写有“施善局”三个字，庙里供奉三尊菩萨，左殿供三头六臂红脸的马王菩萨，正殿供一尊白脸菩萨，右殿供一尊药王菩萨。老人说他们的爷爷奶奶辈曾经和他们说过，马王庙原在别处，是后来才迁过来的。据康熙《定海县志》载：“马王庙在城中镇府南”；出版于民国十三年（1924）的民国《定海县志·古迹》载：“马王庙在总镇府南，清康熙时建，今废。”说明马王庙原址确实不在此处。

据说，定海旅沪同乡会副会长钱达三因为拆总府弄北向的清康熙初建的马王庙建钱家祠堂而丧命。当时，钱达三拆马王庙建钱家祠堂，因马王庙塑像高大，无法正常进出门，便将其拆卸手脚后迁于北门桑园弄盘诘厅，所以有了后来北门桑园弄马王庙之说。拆马王庙建家祠后，钱家接连死了三人，钱家人一阵后怕，将钱家祠堂迁出总府弄北向的马王庙旧址，另择义桥新址重建家祠。

第三世：“瞭望楼”为定海城北救火会的消防站。辛卯大火后，定海城成立了多个救火会，瞭望楼为城北救火会的消防瞭望楼，望的是火灾时的滚滚浓烟，而非如今大众认为的两次鸦片战争后为了防止列强再次入侵而建的城防设施，这是一个误区。也并非许多人认为的由“望海楼”更名过来。望海楼曾经是定海古城中遐迩闻名的一座楼，

民国《定海县志·古迹》曰："望海楼，在镇鳌山，清太保黄大来建。"黄大来由战功拔领小旗，授守备，擢福宁总兵，于康熙十六年（1677）移镇定海。当时的定海，海氛未靖，县治未设，无城壕可守。为了坚守海疆，防御来犯之敌，黄大来环旧城遗址，树木栅为城，掘壕为堑，分重兵把守以固金汤。黄氏目能远视，为便于观察敌情与兵营动态，特于总兵署后建一木楼，名曰"望海"。据光绪《定海厅志·名宦·黄大来传》记载，黄总兵"日登眺远，瞭二三里外不误"，"审其水陆、径道、行李、帆樯无不辨悉"，兵弁的一举一动尽在视线之内。望海楼在当时是一座极富军事功能的军事设施。据附近老人回忆，新中国成立前夕，位于镇鳌山东麓的望海楼遗址尚存，后因建小学而夷为平地。可见，望海楼是望海楼，瞭望楼是瞭望楼，并非同一座楼。

1950年以后，瞭望楼由舟山市林场使用，后被改成桑园居委会幼儿园。1997年12月被公布为市级文物保护单位。2003年，昌国街道联合定海区文体局（现定海区文化和广电旅游体育局）对瞭望楼进行了重整修复，使其恢复原样，目前一楼作为留方社区居委会办公所用。二楼是"夕阳红"书画摄影协会，开设有书画摄影展，吸引社区居民前去参观。

经过一百多年岁月的洗礼，瞭望楼依旧保持着自己的特色，同时古为今用，接受文物建筑的活化利用，继续发挥着小楼利国利民的本色。

古木

朱红萍

普陀博物馆内陈列着一段略微弯曲的古木，已严重碳化。这段古木长75厘米，直径25厘米，与另一块如泥块状的横截面古木一起静默在一片蓝天碧海、波浪涌动的布景前。边上有牌子标注：古木——朱家尖出土，经中国科技大学测定距今8500—6200年。

这段古木出土于朱家尖的千年古木层遗址。千年古木层遗址位于普陀区朱家尖白山景区观音湾西北角（北纬29°56′25.0″，东经122°22′53.0″，海拔2米），现存古木层约10000平方米。2000年9月，经中国科技大学碳14测定，该遗址属新石器时代，距今大约8500—6200年历史。这一古木层厚3.3米以上，剖面长度超过100米，其纵深数据不详。古木层含有大量的古树茎叶、叶片、果实、种子、孢子花粉和昆虫等，埋藏处有30多棵直径超过20厘米的树茎干已经暴露出地表，均呈现弱硅化性状，色泽为浅褐色至深褐色，部分古木局部有火烧痕迹。其中最粗的一根树茎直径达85厘米，长约5.6米，树杈尚存，树皮木质保存完好，经专家鉴定为枫香树。古木层包含数十种树木，其中主要的有松木、杉木、黄山栎、栓皮栎等。古木层植被类型属亚热带常绿、落叶、阔叶混交林植被。这一古木层是全球全新

世海平面上升的直接证据，为研究华东地区古气候、古生物群落生态与环境演变以及陆地河姆渡文化之间的关联，提供了重要材料。

这“千年古木层”的发现纯属一次“偶然事件”，却是科考上的大事件。

2000年秋冬之际，中国科技大学地球物理学家孙立广教授带领一拨学生进行中国海疆地质地貌变迁考察，舟山群岛是他们的考察目标之一。他们沿着海疆来到舟山群岛朱家尖。考察队翻越朱家尖白山来到被当地人称为“松毛尖”的沿海地带时，有人在海边地面上踢出一块不一样的石头——“水晶”，然后在海滩上发现了很多水晶石。孙教授开始注意起周边的地质地貌，发现了海岸边露出的已经炭状的“古木”。这引起孙教授高度重视，他认为这里边有内容，开始集中精力对“古木”进行研究。同时，还发现附近有很多古树枝和古树叶，保存得很完好，古树叶上还能看到清清楚楚的脉络。随后，考察队在此打下了一个1米×1米×1米的探坑，截取了其中一段约需两人围抱的“古木”，拿到中科大进行了同位素测定。

原朱家尖风景管理处副主任胡牧是这一发现的亲历者。由他介绍得知，当时，孙教授说：这是一万年间地质变化的见证，也解释了河姆渡遗址

在经历海进海退自然现象中的变迁经过。它对一万年间地质地貌的变迁，具有类似地质学上的“金钉子”作用。

为此，孙教授曾先后九次到观音湾古木层现场进行详细的科学考察，这一古木层的科考价值由此可见一斑。

孙教授当时还开玩笑说：对面是普陀山观音道场，这也许是冥冥中的指引，让他来发现这一“古木层”，似观音菩萨显灵。这个海湾就叫作“观音湾”吧……“观音湾”的叫法就这样一直沿用下来了。

古木层遗址发现前期，当时的朱家尖风景管理处还对遗址附近散落在外的古木进行了搜集、整理和保存，发现了一些陶片。为此，朱家尖方面邀请了舟山博物馆馆长胡连荣等有关人员进行共同勘探，以期再次发现古木层中的陶片。从遗址已发现的陶片年代推测距今6200—2500年之间，可能是舟山群岛继大衢孙家山、定海马岙之后又一个涉及秦汉及上古时期的文化遗址。其年代上限与陆地河姆渡文化相当，其地域和马岙新石器时代文化相联系。专家认为，这对探讨华东沿海岛屿古文化与陆地河姆渡文化之间的关联，具有重要的科学意义。

如今，发现于朱家尖的两处古木层都将消失殆尽，往后留存于普陀区博物馆内的这段古木，也许将成为“千年古木层”曾经重现于世的唯一见证。

渔都缩影——四德新村

乐好凡

沿着普陀区沈家门滨港路拐入中大街，前行约十米走进缪家塘路，再往前几步就能看到一条小巷，此时映入我们眼帘的是一幢双层木结构的清式四合院——这就是“四德新村”。

四德新村全宅占地面积365平方米，建筑面积550平方米。从外表上看，这幢清式四合院门柱石质，雀替上刻花鸟图案，屋脊设“福”字中宫，屋盖小青瓦，地面铺着红石板，前廊斗拱、排门等木质构件雕刻精美，做工考究。

就是这样一栋面积不大的清式建筑却成为沈家门渔港繁荣兴旺的重要见证，为什么这么说呢？接下来让我们一起来了解一下它的前世今生。

1942年的夏天，黄德财四兄弟从宁波镇海小港购置这座宅子后原拆原造，并以德财、德源、德茂、德盛四兄弟所拥有的“四德”命名宅名，后取店名为“黄泉源”。店铺主要经营桐油、络麻、苎麻、渔网、食盐等渔业用品，同当时闹盈的渔港配套呼应，所以最初的四德新村也叫“黄泉源商行”。

四德新村所建造的年代，正是沈家门渔港的鼎盛时期。作为世界三大渔港之一的沈家门渔港，水域广阔，泥质粉砂，早在民国初期就已成集港，每到鱼汛季节，全国沿海省市的渔船及各地商贾均会云集于此。当时在沈家门的滨港路周边渔船聚集，桅杆林立，热闹非凡。所以早期的沈家门更是冠有“小上海”之称。

由于历史原因，20 世纪 50 年代，黄泉源商行被当地人民政府充公。随着时代的推移，作为渔业商贸场所的四德新村早已失去了它最重要的功能，只留下一栋孤独的老宅大院融于市民生活之中。但四德新村历经的黄家兴衰，也是沈家门渔港繁荣兴旺的重要见证。

2001 年，为进一步挖掘普陀渔文化的历史底蕴，弘扬沈家门渔港的海洋文化，普陀区政府决定新建普陀区博物馆，具体由区文化局集中精力对四德新村进行保护性修复，并将四德新村改为普陀博物馆。

2002 年 10 月普陀博物馆正式开馆，修复后的四德新村保持整座宅第的原有风貌，馆内基本陈列分别为“普陀渔业史话”和“渔都沈家门”两个部分，通过“海边人家、渔都史记、繁华渔都、

港联九州、巨变”五个系列，从“渔、港、景”三方面展示普陀区域文化和渔都风情。这一沈家门渔都风情展馆四德新村在当时属“全省首家县区级渔业博物馆”，2010年3月更是被列为普陀区文物保护单位，现为市区级爱国主义教育基地、省级社科普及示范基地。

“八闽小学寻常聚，四德新村邂逅逢。”

如今，四德新村已不仅仅是“沈家门繁华渔港的唯一见证”，它更肩负着挖掘普陀渔业文化底蕴的重任，为繁华渔港增添了一道亮丽的风景线！

大展翁氏宗祠

翁盈昌

古有武举人，近有抗日姐弟；古有“六桂联芳”，今有“教授之家”……展茅翁氏家族经过几百年的生息繁衍和艰苦创业，形成自己独特的宗族文化，见证清朝以来民间宗族文化的传承与发展。这几百年的血脉传承全部浓缩在翁氏宗祠里，有鲜明的文化特色，所以，翁氏宗祠被列入舟山市和普陀区两级文物保护单位。

一、翁氏宗祠闻名遐迩

大展翁家岙位于普陀区展茅镇东南郑家山下。走进风景秀丽的翁家岙，村南北东三面环山，树木郁郁葱葱，潺潺溪水绕村而过，整个村庄环境幽静、村道干净、空气清新，犹如进入陶渊明笔下的桃源仙境。人们在这美好的环境和氛围中生活，安居乐业，其乐融融。据村党支部书记翁米龙介绍，现有村民800多人，以翁姓为大族，占全村总人口77%。

在村书记的陪同下，我们来到位于翁家岙村中心路29号的翁氏宗祠。翁氏宗祠为清代建筑，坐北朝南。建筑结构为四合院式，前后两进各5间，左右走廊各3间，前进面阔 18.8 米，进深 8.56 米。前进明间 3 架梁，后进 5 架梁，用两月梁承托脊垂柱。次梢间穿斗式，单檐硬山顶，屋脊做小连球。建筑面积 310.95 平方米，占地面积 458 平方米。

据了解，翁氏宗祠建于清初（具体时间不详），同治十一年（1872）重建，光绪三十一年（1905）大修。1985 年进行维修。2013 年下半年，在普陀区文化广电新闻出版局支持下，村民共同集资，耗资 35 万元，由村民委员会起头，按以旧修旧原则，实施不改变原貌的整体维修。因此，展现在人们面前的翁氏宗祠仍大体保留着清代建筑原貌。

新修的大门色彩鲜艳，高大挺拔，“翁氏宗祠”十分醒目，老寿星和“和合”雕塑虽然是新作，仍能体现传统文化和传统观念。

“外行看热闹，内行看门道。”笔者注目台门上的“亚魁”匾，匾右上方书写：“道光壬辰年钦赐”，左边下方书写：“浙江省第十七名举人翁庆山（第一行），匾失由后裔翁忠杨重修（第二行），公元一九九九年九月十二日（第三行）。”（说明：标点由笔者所加）

“你们翁家呑

曾出过武举人，你知道吗？”同行者、原普陀博物馆顾问俞保根指着“亚魁”匾对笔者说：“翁家岙出过一个武举人，不但宗祠面前有道旗杆，连大展庙的其中一道旗杆也是代表这位武举人的。翁氏出了名人，从此四邻八乡赫赫有名。”

“六桂堂”是翁氏堂号名。后进中堂除“六桂堂”匾外，还悬挂由兵部侍郎兼都察院右副都御史为乾隆甲午科（1774）浙江乡试第一名翁元圻所立的“解元”匾。与“六桂堂”和“解元”匾平行、挂在白虎首的是辈分排列表，其实“文革”前，这里挂“冰雪同清”匾。据俞保根介绍，这是一块贞节牌匾，是为表彰翁氏节妇，清光绪年间由定海厅颁发的。1965年他在翁家岙任驻队（村）干部时还挂着，“文革”扫“四旧”后不知去向。

据村书记介绍，翁氏宗祠后进主要功能用于操办红白喜事。前进堂屋原来办过学校，后为老年协会活动室。

由于翁氏宗祠闻名遐迩，1989年12月被列为区级文物保护单位，2009年6月又被列为市级文物保护单位。

二、翁氏血脉源远流长

与翁氏宗祠相配套的另有四家祠堂，这些祠堂都是清朝民间宗族文化传承与发展的结果，有鲜明的地方文化特色。

翁氏大房祠堂位于翁家岙村中心路18号，坐东朝西，通面阔一间，五檩前廊子，穿斗式，单檐硬山顶，屋面盖小青瓦，占地面积为31平方米。从普陀博物馆提供的资料获悉：“该祠堂建于清代，是翁氏第二代中最长者祖堂，与其他家祠相比，其规模较小，但总体保存较好。

后人经常出资进行墙体修缮，基本框架不变。”

翁氏二房祠堂位于翁家岙村东中心路22号北面1米。该祠堂建于清代，坐东朝西，通面阔一间，建筑结构为七檩七柱，穿斗式，单檐硬山顶，屋面盖小青瓦，占地面积为52平方米。它是为纪念翁家岙第二代第二子而建，约有150多年历史。现主要用于二房翁氏族人过世时做丧事用。祠堂周围仍住翁氏二房族人，祠堂前面13米外有一口二房井，供老住民使用。

翁氏五房祠堂主要用于翁氏五房族人过世时做丧事用。其通面阔一间，九檩九柱带前廊，穿斗式，硬山顶，屋面盖小青瓦，占地面积为75平方米。坐东朝西，位于翁家岙村东中心路16号北面2米。据老人介绍，五房祠堂建于清代，是五房子孙为纪念祖宗而建，现祠堂周围仍居住着翁氏第五房族人。

笔者归属翁氏五房，凡有亲人去世，家属必去五房祠堂上堂，所以笔者多次到过五房祠堂。这次因写作需要，笔者又一次到现场拍照，青瓦白墙十分醒目。用鹅卵石铺成的天井，是全村村民看戏、集会的地方。在笔者印象中，五房晚辈十分爱护众家房产，发现损坏，就筹资修理，2007年曾有过一次大的修缮。

翁氏六房祠堂位于翁家岙村北中心路22号北面2米，坐东朝西，占地面积为65平方米。祠堂通面阔一间，七檩七柱带前廊，穿斗式，硬山顶，屋面盖小青瓦。建于清代，2004年重修。是为纪念翁家岙第二代第六子而建，主要用于六房翁氏族人过世时做丧事用。

“翁家岙有如此完整的宗祠和祠堂在全区独一无二，”俞保根感叹，

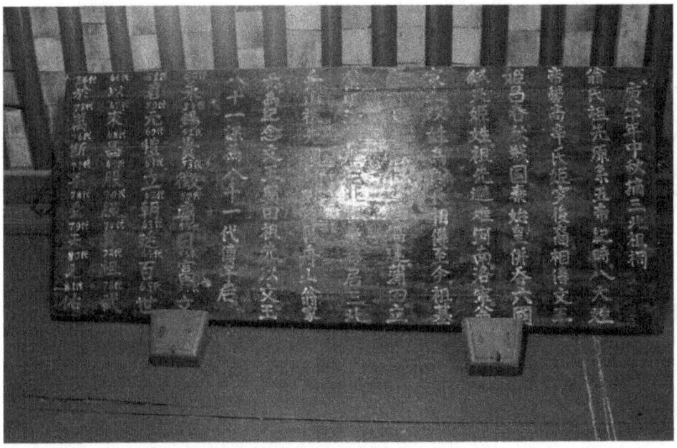

"一个村庄形成如此丰厚的宗族文化，是宗族团结的产物，是宗族文化的结晶，是推进乡村文明建设必不可少的基础。"

翁氏宗祠自从列入市区两级文物保护单位之后，成了展茅革命老区旅游景点之一，慕名前来参观、考察、调研的翁氏后裔和游客络绎不绝。

"山不在高，有仙则名；水不在深，有龙则灵。"翁家岙除翁氏宗祠外，还有龙宫、下房桥等被列入区级文物保护单位。

三、翁氏起源历史悠久

那么，翁氏祖先是什么时候来到普陀展茅翁家岙的？

据《普陀县志》记载："明万历五年，慈溪一翁姓逃荒定居展茅乡翁家岙。"（摘自《普陀县志》第 979 页，县志于 1990 年由浙江人民出版社出版。）另据《展茅镇志》记载："翁姓：明万历年间，慈溪翁家嘴翁氏来展茅开荒种地，世居翁家岙，已 17 代。"（见《展茅镇志》第二章姓氏家庭，镇志由中国书籍出版社出版。）

听我父亲说，展茅翁家岙翁氏是从慈溪三北过来的，而慈溪三北的翁姓是从福建莆田移民而来。福建湄洲岛妈祖娘娘分灵塘头天后宫也许就是佐证。

1990 年中秋节，我父亲从慈溪三北翁氏祖堂抄录来的材料却是另一种说法："我祖先于三皇五帝时八大姓之一，五帝纪中帝喾高辛氏姬麦之后。（距今约 4900 多年）

"为什么姬姓会改为翁姓呢？相传夏朝纣王时西伯侯姬昌兴周灭商，春秋战国吴、鲁、燕君主亦都姓姬，秦始皇并吞六国后，要消灭姓姬之人，我祖先避难于河南洛宁翁家山，指山为姓，从此以翁姓相传至今。

“南北朝至南宋时，我祖先于福建莆田县居住，全家立业，立家族谱纪念文王，系文王八十一课为八十一排行，相传至今1500多年。

“洪武元年，我祖先被贬官，流放于三北荒地为贱民，不准赴考。后朝廷选拔人才赦贱民为民，准予上京赴考。翁氏上辈中过状元三次，在祖祠门前曾树有三道旗杆、十多道匾和石碑一块，于‘文革’中被摧毁。”

我父亲最后一次去慈溪三北翁氏祖堂主要目的是抄录排行。“我们翁氏70代后没排行了。一个姓族，如果没有排行，就要乱套的。”他多次在我面前感叹：“我得去三北一趟，把那里的排行抄来。”我劝他：“不是不让你去，是因你年纪大了，出远门没人照顾不方便。”他固执地说，要是再过几年真的走不动了，就无法去了。我想，去三北认祖非他莫属，因为他年轻时曾去慈溪三北寻祖。他懂得族长规矩，说话投机，且双方还认得。要是别人去，可能没他熟门熟路。

父亲曾告诉过我他当年寻祖经过——他一路打听，先到祖堂，再拜见族长。说明来意后，拿出钞票，请族长派人买来下饭，祭祀祖宗。与长辈同吃羹饭时，增进感情……

1990年秋天，我高龄父亲与翁家岙两位族长一道，在三北宗祠做一桌祭祀，先敬祖宗，再请长辈吃羹饭，说明来意后，顺利地把翁氏辈分排行50—81代计32代抄录下来，回来后用木板制成排行榜，挂在宗祠前进白虎首梁上。

我的家乡人杰地灵，我的祖先勤劳勇敢！为继承先辈宝贵精神财富，弘扬传统文化，应普陀区政协之托，特整理成稿。

柴家走马楼：海岛名古屋的典范

翁源昌

走进普陀区展茅街道柴家走马楼，前后对称的布局，雅素明净的色调，方正石板的天井，使人觉得十分宁静淡然，这种感觉是在现代钢筋水泥公寓无法体会到的。柴家走马楼前后院之间有一个五六百平方米的天井，中间一道高高的砖雕台门及左右封火墙，让偌大的天井围而不隔，隔而不断。你若站在高处看，占地1800平方米，建筑面积2200平方米的柴家走马楼显得流动灵活，那横竖交替的清水屋脊，飞翼高翘的脊翼，与一垄垄排列整齐的灰瓦屋面，和谐之中又有高低起伏的层次感。柴家走马楼外部的木构部分除去隔扇门窗、梁架等加以精致地雕刻，其余尽少雕琢，如其正屋、厢房前壁石板墙裙上就只是木板材。所有木构件几乎不施彩绘，只涂栗、褐、灰等色，与白墙、灰瓦相映，色调明净雅素，与后边青山翠林相映衬。蓝天白云之下，这座建于清乾隆二十五年（1760）的乡村古居，格外悠然自在。

柴家走马楼的正大门

柴家走马楼的正大门朝东方向，与厢房连成一体。木制的门框，上悬挂黑底白字“亚魁”匾额，上书有“浙江乡试第十八名举人柴懋三”“道光廿二年四月”等文字。柴家正大门前两侧墙壁上方月梁枋、插枋以及山柱雀替等构件都有雕琢之处。其中内插枋浮雕双龙，外墀头插枋有“梅兰竹菊”图饰，山柱雀替雕有花卉、如意、祥云等吉祥图案。墀头底脚石块刻线内雕凤凰、鹿等瑞兽，象征着吉祥、富裕等美好寓意，刻线外雕刻有象征优美、同心之吉祥意义的方胜等纹饰。正大门给人感觉肃然而又祥和。

柴家走马楼的台门

柴家走马楼前后两院中间有一座庄严古朴的台门，格外引人注目。台门门罩上端屋脊分上下两层，形成了阶梯式的造型，显得十分有气势。柴家走马楼的台门不但构造独具匠心，而且用材考究，制作精细，用色和谐。

台门正面与背面构饰对称，清水脊翼，脊身用瓦片构成菱形图案，正面屋脊脊首字牌上塑一个“柴”字，背面为“福”字。数垄灰瓦，两排方正木椽之下是仿斗拱装饰，上层有鱼头状假昂，第二层是象鼻状假昂，两侧拱翼背景。门头两边山尖中心处灰塑一个大大的如意图案。柴家走马楼门楣装饰有上中下三枋，可惜其雕饰内容已毁，只存各枋相衬的一些云纹、草纹等。在柴家走马楼台门前，你可千万别忽略台门石门框及两边石雕装饰。与其他古宅石门框相比，柴家台门除了横直石门框之外，两边的石雕构件与石门框其实连成一个整体，相接严丝合缝。而且更令人惊奇的是，两边石材色泽似乎刻意进行了区别，石门框左右竖石条色泽是左粉红右淡青，两边刻线石雕构件色泽是左淡青右粉红，底下是略正方形的粉红石雕，中心处上刻圆形变体寿字，四角是有结实永久之寓意的回纹图饰。这样的色彩处理是否与传统民居所注重的风水八卦理念有一定关系？

柴家走马楼的小木作

柴家走马楼大堂前两边有厢房各三间，中间一间相当于厅堂间，设置双开隔扇门，隔扇门两边又安置隔扇槛窗，中间厢房隔扇门的腰板木雕值得细细观赏。腰板所刻都是山水画，似乎是一幅江流古景，如果你不留意，也许不会觉得左右两边厢房隔扇门腰板木刻的意境有多大的差异，但若把左右两幅木雕图对照一下，就会发现所刻原来竟是两处不同地理环境下的“江流古景”。右边隔扇门腰板上的“江流古景”图，圆突突的山丘，江边礁石嶙峋，岸上几座屋宇，石块垒筑的墙体，门窗开得很小，构造简单古朴，给人感觉这江定是风猛浪急，整幅图构图意境十分古拙，似有大西北的山川神韵。对比之下，左边的“江流古景”图，其岸边礁石已不那么突兀嶙峋，岸上的树也不是光秃秃的，树叶飘逸，天空不远处还飘着几朵彩云，屋宇门窗开得很大，有木桥飞架两岸，岸边还停靠着几只小木板船，全然是一幅江南特色的“江流古景”图。

柴家走马楼厢房的槛窗，可谓用尽十足匠心，构图饱满，棂条长短曲直组合变化，动物、花草、树木精雕细琢，寓意极为丰富，是海岛所存古民居中难得的一个木雕门窗精品。整个槛窗由三层图饰构成，中心层滚圆的圈内四只展翅的蝙蝠围合一个变体的圆形寿字，而更为精巧的是寿字中心又嵌一小花蕊，花蕊与寿字相钩，四只蝙蝠之间分别巧妙地用一如意小木雕相连在一起，中心圆圈构图设

计细微无比，韵味十足。

槛窗圆圈外棂条组合也用尽心思，圆圈外是云纹棂格，最外层则是长棂条构成的回纹格心，与短棂条的云纹组合形成了一定的视觉变化。为使构图更富于韵味，在云纹棂心与回纹棂心上中下又非常对称地镶嵌了富有寓意的木雕构件，有翠竹、苍松、寒梅以及石榴花等木雕，而且槛窗四角棂条所构成的是“卍”字形纹饰，寓意十分深厚。

在柴家走马楼，我们发现隔扇窗上下转轴的窗钹、窗臼以及安装门扇转轴的连楹，都有精美的雕饰图案。比如有一个窗臼正面所刻一株硕大的芭蕉树，树下是低矮的茅草屋，前面似乎是一道溪流，两个侧面是石榴花，两翼是云纹。整个窗臼画面所刻寥寥几笔，但非常生动。另一窗臼正面用夸张手法雕刻了两只拖着长长毛茸茸尾巴的松鼠爬在葡萄藤上，两侧是吉祥花卉，两翼也是云纹。

柴家走马楼隔扇门转轴连楹雕饰图案如果和窗臼的图案比较，风格有很大的不同。柴家穿堂楼有几个连楹，都是整块硬木雕琢而成。其中中间安装两扇格扇门的连楹，颜色已呈银白色，看上去有一种特别的味道，两个供安装格扇门转轴的圆孔之间雕刻了一只蝙蝠，圆孔两头各雕刻狮首一个，虽采用的是浮雕技法，但十分细致有神。而另一个连楹圆孔两头所雕的是飞龙，同样雕琢得神采奕奕。龙纹、狮首、蝙蝠等祥禽瑞兽是传统民居中经常使用的装饰图案，龙象征了英勇、权威和尊贵；狮在民间被视为守护者，又有喜庆之意；蝙蝠在民间与福联系在一起，是好运与幸福的一种吉祥象征物。柴家走马楼木雕装饰中多处使用龙纹、狮首、蝙蝠图案，其用意十分明显。

柴家走马楼的木作雕饰非常钟情于梅兰竹菊，除厢房槛窗木雕“四君子”以外，在其他木作构件上，有不少雕琢图案也都是“梅兰竹菊”，足可见屋主人的精神情怀之所向。例如，柴家厢房檐廊柱子上端雀替多数所刻梅兰竹菊，主题十分突出，这在海岛其他古民居很少见到。梅兰竹菊“四君子”在中国古代士大夫、文人心目中具有独特的地位，如梅花常象征着不怕挫折敢为天下先，不染尘俗，神清骨秀等高洁品质，元代杨维桢的“万花敢向雪中出，一树独先天下春”之诗句就是此意，而宋代有“梅妻鹤子”之称的林逋，其《山园小梅》中“疏影横斜水清浅，暗香浮动月黄昏”之句更是写出了梅花之魂。竹常被视为坚强、正直、虚心之象征，清代书画家郑燮独喜竹子，其《竹》诗：“一节复一节，千枝攒万叶。我自不开花，免撩蜂与蝶。”写出了竹子坚持本色之特点。正因梅兰竹菊有这样的象征意义，千百年来被广泛运用于人们日常生活装饰中。柴家走马楼“四君子”之情愫，在柴家走马楼其他木雕装饰中还有不少，如正大门两侧墀头，我们也见到了“四君子”木雕，墀头上端左右插枋一边是竹与菊组合图饰，另一边是竹与兰组合图饰，采用的是浮雕手法。

小洋山石刻与游兵都司张文质

周　苗

嵊泗列岛现有的历史遗存中，摩崖石刻无疑是其中数量最为丰富，同时也最为珍贵的一部分。根据统计，在小洋山岛有“鲲鹏化处”“倚剑”“中流砥柱”“海晏波宁”“水天阔处”“海阔天空”“三星石”“注焉不满”等八处，是摩崖石刻最为集中的区域。

这些石刻的题刻年代多为明清时期，经数百年的风雨侵袭、岁月更迭，部分石刻的字迹已漫漶不清。其中保存最为完整的当属“海阔天空”，字高0.7米，宽0.55米，左边落款“游兵都司新安张文质”，右边落款“万历戊申春立”。据《嵊泗地名志》及《嵊泗不可移动文物名录》考证，除“海阔天空”外，“鲲鹏化处”“中流砥柱”“海晏波宁”“水天阔处”这四处的题刻者也是张文质。

万历戊申为明万历三十六年（1608），距今400余年。人们不禁会产生疑问，这个张文质究竟何许人也？为何会在交通如此不便的古代，来到小洋山这座悬水小岛，留下众多的题刻？

新安是著名的古地名，即指现今的徽州地区，历史上的徽商、新安画派、新安医学派皆发源于此。徽州文风鼎盛，人物辈出，乡人多自豪地把新安作为自我介绍

的前缀词，如南宋理学家朱熹就自称为“新安朱熹”。这个自称新安张文质的，极有可能也是徽州人。

康熙《徽州府志》卷十一“选举”中，果然有张文质的记载，“歙后坞人，甲辰进士，扬州游击”。道光《徽州府志》也有同样的记载，“万历三十二年，甲辰会试进士，后坞人，扬州游击”。“歙”指歙县，明朝时为徽州的属县。这两种旧志记录了歙县人张文质，在万历三十二年（1604）中了进士，还担任过扬州游击的官职。

而2010版的《歙县志》歙县历代武科进士表也记载，“明万历三十二年，张文质，会元解元”。中国古代的科举制度中，省一级的考试为乡试，第一名称解元；中央一级的则是会试，第一名称会元。按《歙县志》的说法，张文质在武科举的乡试、会试中都取得了第一名的好成绩。

明朝的武科举始于成化（1465—1487）年间，而且按照文科设立乡试和会试制度。“成化十四年，从太监汪直请，设武科乡会，悉视文科例”。但与文科不同的是，武科举不设殿试，仅在明朝末期才设立，“崇祯四年，武会试发榜，论者大哗……以时方需才，请殿试传胪悉视文例……武举殿试自此始也”。

在张文质取得科举功名的万历年间，朝廷还未设立武科殿试制度，所以也不存在武状元的说法。如果张文质的会元功名属实，那他就是实际意义上的武状元。

笔者曾经去函歙县史志办查询张文质的具体情况，回复和志书所载基本一致，所不同的是，志书上说张文质的官职是扬州游击，而歙县史志办的说法是“见任吴淞把总”。

举子取得武科功名后，朝廷会授予一些低级的武职，如把总之类。康熙《徽州府志》也记载“武将材人应武举，三科中式乃选把总等职”。游击即游击将军，“明朝镇戍军置，位参将下，掌率兵防御”（《古代职官大辞典》）。在明朝的武官序列中，游击属于中高级职务，远远高于作为基层领兵者的把总。

张文质取得武科功名后，按惯例不会授予很高的官职，极有可能被任命为吴淞把总，随后再升迁到扬州游击的职务。

吴淞旧属崇明，民国《崇明县志》卷九武备中，有关于吴淞把总的资料：“（嘉靖）三十九年，巡抚翁大立奏设都司一员，移圌山把总驻营前沙，吴淞游兵把总驻竺泊沙，往来会哨”，“外洋南至洋山，浙直会哨于此，为苏属七总水师南巡汛地”。

“海阔天空”题刻于万历三十六年春，距张文质取得武进士功名约四年，他当时应该在吴淞把总任内。作为“七总”之一的“吴淞游兵把总”有职责率领水师到洋山巡洋会哨。

正因为被外洋苍茫壮阔的景色所吸引，触发了张文质等巡洋官兵们的热血豪情，才给洋山留下了这些弥足珍贵的历史印迹。

徐传隆其人及“东海云龙”题刻

周　苗

一

在嵊泗列岛诸多的摩崖石刻中，黄龙岛上的“东海云龙”属于比较独特的一处。岛屿北部的峙岙村峭壁上，从天而降般地停伫着一大一小两块巨石。两石形似古代铸成马蹄状的金银锭，上宽下窄，底部与山崖仅略微接触，用手一推，“牢牢”作声。大石的西面十分平整，上刻“东海云龙”四个大字，每字高70厘米，宽55厘米，字体方正峭拔，非泛泛之辈所能为。

关于这四个字的题写者、年份、时代背景，在嵊泗当地的文献资料中语焉不详或涉及不多。而嵊泗出版的两版县志，或未提及，或仅仅笼统的几句，没有更为翔实可靠的信息。

曾于民国时期担任过嵊泗最高行政长官——崇明第五区区长的程梯云，在他1947年所撰的文章《外海采风录》中关于黄龙的章节写道：“峙岙的垒石上有两处勒着字，‘东南半壁’是在上横山，‘东海云龙’是在元宝山，小黄砂岙亦有一处勒着‘东海龙云’，都是徐传龙所题，他是清末崇明的总台——东关大元帅，欢喜写字，常为人写一笔龙和一笔虎，至今崇明人保存他的墨宝仍不在少。”

程梯云当过嵊泗的区长，对于嵊泗的情况自然十分清楚，他多次到过黄龙，对当地的风土人情有一定的熟悉和了解。况且程是崇明人氏，平时热心于乡邦文献资料的收集，因此他笔下关于徐传龙题字的说法具有很高的可靠性。

崇明在清朝时设有军事机构“苏松镇”，民国《崇明县志》：“（顺治）十五年，改设苏松水师总兵一员……”程梯云所说的“清末崇明的总台——东关大元帅”即是指此。而且，该志书中也有明确记载，有个叫徐传隆的曾担任过苏松总兵一职。关于任职的时间，则已经临近清亡了，相关记载，如《申报》1910 年 12 月 2 日：“苏松镇总兵徐传隆昨日到道拜会并告知接统洋班事务，拟于明日出巡南洋各岛……”《申报》1911 年 1 月 23 日：“苏松镇总兵徐传隆近由南北洋巡洋回来……”很明显，所谓的徐传龙正是苏松总兵徐传隆。

二

嵊泗列岛在明清时期，是江浙两省的海上分界，为了防范盗匪劫掠，保护海疆安宁，两省的军事单位制定有按时巡洋会哨的制度。据《光绪定海厅志》记载：“同治十二年六月，江南苏松总镇滕、狼山总镇王、福山总镇熊，奉江南督院照会：照得江浙外洋一带大羊山、黄龙、陈钱诸岛，盗匪最易潜踪。该处为商船往来要道，必须两省水师互相联络，随时梭巡，按三月会哨一次，方足以壮声势而靖匪踪等因……”

会哨的时间、地点都有明确正式的规定：“（定海）总镇与江南苏松、狼山、福山等镇，四季各会哨一次，春季二月十五日，会哨于黄龙山洋；夏季五月十五日，会哨于小洋山洋；秋季八月十五日，会哨于马迹山洋；冬季十一月十五日，会哨于大洋山洋。”（《定海厅志》）

在当时的一些新闻报刊上，有不少相关的记载。如，1906年3月3日的《申报》上报道：“苏松、狼山、福山三总镇，所辖六营外海水师炮艇十二号，轮流本省海面巡洋，分南北中三道巡缉。昨日经苏松镇徐传隆总兵来淞乘敕电兵船驶赴南洋，订于望日左右，会同浙江定海镇姚汉卿总兵在江浙交界之黄龙山会哨。”1906年3月3日是丙午年农历二月初九，文中的“望日”即指农历十五。这段文字完全符合江浙两省“春季二月十五日，会哨于黄龙山洋”的规定，可以证明徐传隆具有到黄龙岛巡洋会哨的机会。

而崇明地方人士在相关的著述中，也记录有徐传隆和嵊泗的一些趣事。1935年，时任崇明县地方捐款征收处主任的王曾鲁在《江苏外海财务行政调查》一文中述及嵊泗税收的现状时提到：“清季苏淞镇总兵徐传隆时巡外海，每出必嘱右营守备邑人伍培卿先生伴之，先生任职最久，道途最熟，偃卧舱中，听舷外水声，即知舟在何许，风色潮流，无不了然，故徐恒引之如作向导，良有以也。山中平日无官吏，徐又好酒自雅，不愿琐屑问民刑事件，故山民争执，恒就先生质其是非，先生每和解之，双方佥服，归家乃携鱼鲞淡菜等物为赠，皆出渔民手制……”

文中描述的这个苏松总兵徐传隆生性散淡，好酒风雅，十足的文人做派。在他率领水师巡海至黄龙岛面对沧海波涛、危崖奇石时，文人情怀再加爱好书法的习惯，使得他迸发出大笔一挥的豪情，为后人留下了宝贵的财富。

三

关于这个徐传隆，具体的籍贯、生平等信息都付阙如。幸亏在《清代官员履历档案全编》中记录有他在光绪二十八年（1902）觐见皇帝时的履历，“徐传隆，年六十一岁，系浙江宁波府鄞县人，于咸丰七年在上海捕盗局内外洋水师当差，随同出洋捕盗，并长江防守出力给奖六品军功。

“四年正、二月内，在四礁小徐山洋面缉获盗船军械，奋不顾身，右膀左腰叠受枪子重伤。旋委管带湖州轮船，克复宜、荆、嘉、常等城出力。

“十年十一月，奉旨著照所请，钦此。于巡获苏省海运漕船出力，蒙保总兵衔。”

……

另据上文1906年3月3日的《申报》报道：“……苏松镇徐传隆总兵来淞乘敕电兵船驶赴南洋，订于望日左右，会同浙江定海镇姚汉卿总兵在江浙交界之黄龙山会哨。”徐传隆至崇明担任苏松总兵的时间不会晚于1906年3月。卸职的时间倒是十分明确，《申报》1911年4月24日记载：“苏松镇总兵徐传隆交卸回籍，道经上海饬丁至道署辞行……”

以光绪二十八年（1902）他虚岁六十一岁来算，徐传隆的出生时间应该是1842年，即道光二十二年。咸丰七年（1857），十六岁时投入水师当差，至1911年卸去苏松总兵职务时，已达七十高龄。

从徐传隆的履历来看，他缉捕过盗匪，镇压过捻军的起义，既当过军舰管带，也做过一方总镇，经历堪称丰富。在半个世纪的铁血生涯里，从最低级的兵卒一直擢升到高级将领，可谓身经百战。

四

晚清重臣刘坤一在给光绪皇帝的奏折中说：“（徐传隆）韬钤夙裕，调度有方，沿海情形，独称熟习。”用现在的话来说，这是有谋略、有能力，又有经验的好干部啊。刘坤一的举荐不吝溢美之词，也可见他对于徐传隆的重视程度。徐传隆对于沿海情形的了解，表现在他曾绘制的《江浙太湖全图》中。单看这个名字，如果不是对这片区域地形的了然于胸，否则是绝对不能够下笔的。

前文程梯云所记载的，徐传隆“欢喜写字，常为人写一笔龙和一笔虎”，在今天仍能找到一些实物来予以证实。有网友收藏有署名为“徐传隆书”的一幅“虎”字，写得遒劲有力，一气呵成，是一幅不可多得的墨宝。题款为“己酉季春”，并钤有两方印章，阳文“建威将军私印”，阴文“鄞东徐氏传隆”。

徐传隆戎马一生，转战南北沿海，到过很多风景绝佳的地方。素有文人情怀的他不免挥毫，为壮丽江山留下精彩的一笔。在宁波天童寺写下“龙飞凤舞”草书大字，在镇江焦山和金山上分别题写“龙飞凤舞”“龙虎鸾凤”。笔到之处，非龙即凤，足见徐传隆文武兼蓄一身的独特魅力。

苍山人烟远　烽堠忆当年

——舟山“海上长城”探寻记

王建富

“回中道路险，萧关烽堠多。”“烽堠惊秦塞，囚居困越吟。”烽堠，是古代为报警和传递军情而建的瞭望台和报警墩台，遇有敌情发生，烽举燧燔，故又称烽火台、烽燧、烽铺、烟墩、烟台等。《史记索隐》引《纂要》云：“烽见敌则举，燧有难则焚”，“烽主昼，燧主夜”。《史记正义》载：“昼燃烽以望火烟，夜举燧以望火光也。”

我国构建烽堠历史久远，《史记·周本纪》即记载了2700多年前周幽王烽火戏诸侯的故事。古人认为，烽堠是传递警情的主要手段，

也是巩固边防的重要措施，对之非常重视。明代抗倭名将戚继光在《纪效新书》中说："卫所、烽堠，为边防第一要务。"正由于烽火、烽烟在古代战争中的特殊重要作用，烽火、烽烟，也成为战争的代名词，历史诗词的常咏主题。"烽火城西百尺楼，黄昏独上海风秋""江边烽燧几时休，江上行人雪满头"等，就是我们自幼耳熟能详的诗句。

然由于古代诗词等文学作品中的烽火、烽堠等多以吟咏边塞的雄奇、壮美、苍凉或以描写边塞战争带来的苦难为主题，故世人常以为烽堠只是内陆边关的设施。殊不知，自南宋以来，古代海防将士也曾筚路蓝缕，砥砺海疆，在沿海一带构筑了以烽铺、烽堠为基础的"海上长城"。这些烽堠虽然已随历史的烽烟远去，但也曾确确实实地为御敌守疆、护卫沿海居民的安宁，作出过巨大的贡献。

烽燧虽远，旧事勿忘。数百年过去了，当初的烽堠设在哪些地方？现在还有迹可循吗？面对这个疑问，笔者决定通过实地调查来一探究竟。

一、舟山古代烽堠的文献记载

宋代是我国古代海洋视野最为宽广的时期，高度重视海上贸易体系的建设和海上贸易的作用。其时，海上盗匪尚未形成大的危害，海上邻国的海上军事实力也尚没有能力威胁大宋，海岛的防卫大多以设立巡检寨为主，水军的任务也仅是对付国内的海盗。宋代舟山的海防

设施主要为巡检寨。在大洋山岛设置了三姑都巡检寨，并在烈港（今金塘沥港）和岑港设置两个子寨。

南宋末期，日本社会进入“武士时代”。宋朝廷看到了日本朝政的巨大变化，隐隐感受到了来自东面的军事压力。与此同时，蒙古军越过淮河以南入侵宋地，南宋朝廷开始设立海上十二烽铺，并集浙江沿海水师力量于舟山群岛。开庆《四明续志》卷五记载：“宝祐六年秋九月，（上）准枢密院札子：勘会边声日急，贼谋窥伺海道意向叵测，所合严行措置，已火速札谙练海道主兵官相视险要，把截水路，严密关防，并札许浦、澉浦、金山于本军地，分昼夜往来巡逴，仍自金山以至徘徊头创立烽燧，接连澉浦声势，并札本司行下定海水军一体措置，联络声援。遂专委官同统制，按视险要均布地界，置立烽燧，分为三路皆发轫于招宝山。其在海洋者：自招宝山至海道壁下山，共十二铺……”

十二烽铺，始自招宝山，终至壁下山岛，计十二铺，规定每铺驻守兵丁五名，“日举烟旗，夜举火号”，“至于每夜举火为号，必以五起五落为准，待彼相应方始住火”。其中，在舟山群岛有：烈港山、五屿山、宜山、三姑山、下干山、徐公山、鸡鸣山、北砂山、络华山、石衢山和壁下山计十一铺，被誉为“海上长城”。

元代，强大的蒙古军队曾两次远征日本，蒙古铁骑的强大军力也震慑了海上盗寇和邻国，舟山群岛的经济社会文化得到了更大的发展，海上太平无事，十二铺遂废。昌国县和昌国州仅设巡捕司和巡检司。

明代的海防体系主要包括了墟地徙民、陆设卫所、水寨游兵、声

息相通四个方面。其中，声息相通就是在水寨游兵的会哨制度之外，利用相连的烽火墩传递信号的烽堠“海上长城”设施。据明天启《舟山志》、《筹海图编》、《全浙兵制考》、《两浙海防类考续编》等历史文献记载，明朝廷于洪武十九年（1386）实施海禁政策，强迁舟山群岛当时47个住人岛中的46个海岛居民入内地。后又废昌国县，迁昌国卫（军事机构）至象山，仅留舟山中、中左两个千户所。为打击倭寇，防卫舟山岛，明代在海上由正兵哨、正游左哨、正游右哨、临观水营和昌国水营共同巡逻、会哨。陆上则在舟山岛和朱家尖岛设置了1关、3寨、6隘、1台和28烽堠，统领军兵2240人。

关：舟山关。

水寨：沈家门、西碶、干𥕢。

隘：螺头、碇齿、小沙、路口岭、岱山、大展。

台：青雷头台。

烽堠：舟山、外湖、螺头、鹿颈、蒲沙、西山、碇齿、崎岙、郎家岙、袁家碶、三江、干𥕢、朱家尖、青雷、谢浦、石墙、包家、石衕、沈家门、接待、赤石、小展、钓屿、程家、石墠、塘头、西碶、顺母。

这些烽火台“咸设旗军，以瞭望声息”，在抗倭战争中发挥了重要作用。

《筹海图编》卷十二下记载了浙江沿海及舟山群岛的烽堠制式：“每墩一座，设墩军房一间(订床帐、锅灶、器用等项，令各守墩军自备)、草架三座（每架务高一丈五尺，方四面俱一丈，离土五尺高，用木横阁，使草木不着土，不为雨湿所浥。上用茅盖如屋。其内草柴，务相均匀，一层柴、一层草，填实盈满。遇警之后，但火过草架，不得过三日，即宜补设）、旗杆二根（立于墩上左右）、大黑旗二面、大白旗一面、大灯二盏、大铳三口、小铳三口、大木梆一架（长五尺，内空六寸，深一尺。须性响体坚之木为佳）、大锣一面、发火干稻草三百束（每草架一座贮百束，三座即三百束，用过即便补足）、种火粪五石。每墩不拘日夜，发三人带起火三枝，碗口铳一个，手铳二把，白布小旗一面，在于极外海边巡逻守哨。遇有贼舟，昼则举旗放铳为号，夜则起火放铳为号，墩上即便接应。如天晴，则车大白旗，相邻之墩各车起大旗，一路直至本卫所城池，仍接传至将官处为止，将官通报各上司。如遇天日阴霾，望不见，照夜间令，将原搭草架举火，边草架通听烧燃一架，邻墩接放火则已。如不接放，又烧放一架。夜遇有警，看下墩哨军铳响，烧放草架一座，邻墩即便一体燃放草架一座。若贼寇登岸，一面差人由便路径报本卫所，并官墩官处，报贼多寡，以便防御。”

即每个烽堠有1座瞭望用的墩台、1间营房、3座放烟燃火的土台及草架，并装备有旗杆、大白旗、大黑旗、大灯、大铳、小铳、大木梆、大锣等信号辅助器具，墩台边上则建守台军士营房。

《筹海图编》卷十二下对烽墩的修复、补设及防卫也提出了明确要求：“自古守边，不过远斥堠，谨烽火。至于海中风帆，瞬息千里，烽堠尤为紧要。凡滨海墩台，俱应尽数修复。或年远为水所冲没，或民居树木遮蔽，或仍旧贯可恃，或宜就中加添，可改移可瞭之所，以十里内为率。难瞭者三四里亦可。墩法，举狼烟。南方狼粪既少，烟火失制，拱把之草，火燃不久，数里之遥，岂能目视而为之接应？且遇阴霾昼晦，何以瞭望？宜多积柴草，火势大而且久，庶使邻墩相望可见。”

关于明代舟山烽堠之军纪和点验方式，《筹海图编》卷十二下记载如下：“墩军于风汛时月，及闻警报，务要尽数在墩。如有下墩归家，及虽住近墩下，而不在墩者，军法处治。不准以取水米破调，余月准予一名专运薪水。每二名为一班，分为二班，每半月更番赴墩。”“贼所登犯之地，本墩失误放火军旗，遇贼流至邻墩之下，邻墩放火军旗，而本墩后接者，墩军以军法处治。遣下墩海边之役失误者，罪坐下墩海边之人，墩上者连坐。近贼本墩放火军旗，而邻墩接应迟延，因而误事者，邻墩治以军法。”“每月主将三次，把总五次，卫所七次，各差人于本处起南北分发人员，点闸至墩。先点守军，次验种火之处火种有无，次验火器收拾药线可否，次验大小铳装收如何，次验大旗有无损坏，次验大旗杆坚直如何，桅绳车式是否坚装，次验草架内柴草是否有无雨湿、短少，用过有无补足，次验睡卧处所，是否在墩宿歇。”明确了军纪：“有不如法者，即禀明主将，墩军治以军法，该管官一体坐罪。”

为避免检查装备过程中的误报，对试铳、试旗的程序也有详细规定：“凡试铳试旗，须车旗而不放铳，放铳而不车旗，俱不接应。预于十日前，通行邻近军民之家，及报合干上司知会，使乡野城市，近墩及远墩之人，悉知其由，方可举行。否则，恐惊地方耳目。”同时，对官员出巡经过烽堠附近时的仪仗也做出了限制，明确了违纪责任：“至官府经过，只可击梆锣不得概车大小白旗灯笼，举放铳炮等项，以疑邻墩。违者以妄报声息，军法重治。”

隆庆二年（1568），明朝廷移宁绍参将驻舟山，设参将府于故昌国县衙。隆庆三年，参将梅魁招集精壮兵丁设立“舟山营”，由参将直接指挥。“舟山营”由1名把总统领，下辖哨官5员、军兵539名、操弓兵48名。

康熙《定海县志》记载，清康熙二十三年（1684），清朝廷开海禁展复舟山，二十六年改“舟山”为“定海山”，二十七年以皇权“强抢”原宁波的“定海县”名称，在舟山群岛建定海县，而改原“定海县”为“镇海县”。此后，清朝廷于舟山设定海镇，并设沈家门、西稧、干𥕢3座兵寨，26座烽火台，并于康熙四十四年（1705）在大衢山、双合山各设瞭望台1座。其中，外湖堠更名为晓峰台，蒲沙堠更名为天童台，郎家山台更名为郎家岙台，袁家碶堠更名为袁家台，青雷堠和青雷头台改名为青垒头台，包家堠改名为包家墩台，石墠堠改名为石禅台，塘头堠改名为塘头嘴台，小展堠改名为小展望姑台，钓屿堠改名钓鱼台，谢浦改名为榭浦台，舟山堠改名为东山台，削减了西碶堠、朱家尖堠和顺母堠，新增了岑港宫台。

第一次鸦片战争和第二次鸦片战争期间，面对西方的快船利炮，这些烽堠形同虚设。民国时期，烽堠体系渐废。

二、现有的调查与记录

时光荡寇平，烽堠何处寻？全国文物普查资料显示，舟山群岛现残存烽堠墩台遗迹20个。其中，马岙东炮台岗上2个，马岙三江祠山3个，岑港狮子山炮台岗7个，普陀东港蒲岙村外山头山3个，普陀东港芦东村赵家岙顶梁尖山1个，普陀山烟墩峰4个。具体记载如下：

双狮山烽火墩：现存烽火墩7座，其中5座呈方形，2座呈马蹄形，分布在山冈线上，各墩间距为5米、12米和15米不等，主体土石砌筑。因多年废置，无人管理，石基表面大多散落风化，块石多已散乱，且杂草、灌木丛生，已难见全貌，仅能看出大体的轮廓和外侧体积较大的基石。1993年6月被公布为定海区文物保护单位。

马岙东炮台岗烽火台：现存烽火台2个，呈东西向并列分布，相距约10米。皆土石结构，状似坟丘，底部有石砌基础，直径约2米，占地面积约为7平方米。主体已被植被、泥土覆盖，面貌已发生较大改变，其轮廓依稀可辨。

三江祠山烽火墩：现存3座烽火堠、1座烽火台，

各墩依山势呈东西走向，一线形分布于山顶各处，占地面积约为 30 平方米。其中以烽火台最高，视野开阔，现仅存台基，呈正方形，边长约 4 米，全部以巨石等垒砌，高于地表约 0.5 米。1998 年 5 月被公布为定海区文物保护单位。

芦东赵家岙烽火墩：烽火墩呈椭圆形，长 2.5 米，宽 1.4 米，中间伸出一条长 6 米的通道通往壕沟，出口宽 0.7 米，通道口宽 1.1 米，总占地约 15 平方米。烽火墩四处杂草丛生，风化严重，但其原貌仍依稀可辨。

东港蒲岙村泉水岙烽火墩：烽火墩共有 3 座，根据对烽火墩残留遗迹测量，第一座高约 1.1 米，面积 2.9 平方米；第二座高约 0.7 米，面积 7.4 平方米 ；第三座高约 1.2 米，底宽约 2.9 米，顶部呈圆形，直径长约 1 米。

普陀山烽火墩：位于普陀山象王峰顶。共 3 处，中空外圆，样子如塔。至新中国成立初，其中两处尚完好。

然而这些调查是否全面可靠准确呢？答案是否定的！原因有：一是文物普查工作并没有针对烽堠进行全面的研究，对古代烽堠的数量缺乏系统性梳理；二是文物普查工作缺乏文献考证支持，对古代烽堠的定位缺乏全面的了解；三是文物普查工作中的古遗址以基层调查申报为主，专业考察不足，容易遗漏；四是这些烽火墩有的是明清两代在编列装的烽火台，如双狮山、炮台岗、祠山、泉水岙烽火台，分别对应于碇齿堠（台）、袁家碶堠（袁家台）、三江堠（台）和包家堠（包家墩台），在名称使用上不规范；有的则是巡检司的瞭望哨，如普陀山烽火墩。而位于顶梁尖山的赵家岙烽火台，是烽火台、瞭望哨，或是其他的军事设施，现尚未找到文献依据。

三、研究与探寻历程简介

考虑到年代久远以及交通不便等因素，本次舟山“海上长城”探寻活动以考察明清烽火台遗迹为主要目标，整个活动分研究考证与实地探寻两个阶段。

第一阶段于2018年10月下旬开始。主要查考了明郑若曾《筹海图编》、明天启《舟山志》、清康熙《定海县志》、清光绪《定海厅志》、民国《定海县志》等历史文献，以及明、清、民国以及新中国成立以后的各种版本地图，厘清每个烽堠的具体位置、装备和人员情况。

第二阶段自2018年11月开始至2019年3月基本结束。计实地考察了2座疑似宋代烽铺和瞭望哨、25座明清在编列装烽火台和1座在编列装瞭望台遗址，调查了这些烽火台遗迹保存情况、烟墩数量，考察地理环境和保护、利用价值，并从不同角度拍摄了照片。其间，筚路蓝缕、栉风沐雨，历尽艰辛，也发生了许多故事与插曲，并留下了一些遗憾。

其一，阴雨阻路。2018年底至2019年的冬季，是一个多雨的季节。受“厄尔尼诺”现象的影响，本应晴朗干燥的冬日，却是温暖多雨，只宜在冬季开展的丛林调查工作，常常因雨天路滑而中断，却又不得不多次冒着细雨进山，身上的衣物或被雨淋，或被汗湿，登山之路异常艰辛。其间，由于连续数月的长期登山，笔者的膝关节也因此磨损，至今仍留下登台阶隐隐作痛的痼疾。

其二，朋友相助。得知笔者的探寻考察计划之后，市民政局徐爱华局长全力支持，多次询问，并对安全问题、时间安排等方面做出指示，给予了考察时间上的支持。文史学者庄世维、孙和军，市地名服务中心主任徐金波，以及虞卫球、於志南、夏志刚、石一民、孙雷鸣、郑敏等多位新闻、文史、地名、旅游等行业的朋友都给予了大力的支持，多次或陪同考察，或提供资料，或引路指位，他们对历史文物的拳拳之心，相助之情，令人感怀。但全面考察历时长久，登山之苦常人难忍，多数时间不得不孤身进山，独力探寻。其间，舟山交通广播电台（FM91）主持人小卫（虞卫球）分别于1月19日、23日、24日随同进行了专题采访，并通过现场直播、专题访谈和编制微信等方式进行了广泛的宣传，让更多的市民了解了古海防知识和古烽火台遗迹的价值。

其三，惊险连连。由于年代久远，加上历史文献记载不够准确，虽前期做了大量历史考证准备，各烽堠的大致位置已了然于胸，但进

山之后方知海岛丘陵地形之复杂非熟读地图可尽观。螺头堠、小展堠、碇齿堠等均经二次进山才探寻到准确位置。近几十年封山育林成效显著，登山多无路可寻，必须挤身穿行于密灌、竹林、荆丛和五节芒草丛，并常遇浑身长满大刺的刺椿、刺梨树林，加上海岛土薄多裸岩和悬崖，几上几下反复开道成了家常便饭，柴刀和园林剪则是必备之工具。在探寻郎家岙堠过程中，几乎每前行一步都须披荆斩棘，历时8小时方完成一座海拔不足300米山头的考察工作。其间，惊险不断：一是在第一次到双狮山考察碇齿堠时遇雨天浓雾，驾车沿简易公路行进至近山顶时，胎陷泥坑。当时，能见度不足20米，前面是隐约可见的泥泞陡坡，两侧均为浓雾遮蔽的悬崖，面对险境，不得不紧急中断行程，但孤身一人在狭道上倒车，却是汗湿了里外的衣衫，以至因此而惊魂整日。二是探寻小展堠遗迹时，在翻越太阳岗、大湾岗、小湾岗等多个山头之后，也未能找到遗迹。其时，夕阳西下，天色已晚，然心有不甘而抱侥幸之心继续沿山脊向大矗山前行。岂料，行至大矗山时，天已近黑，不得不借着晚霞余晖战战兢兢地摸索至采石场边缘，顺陡坡滑至石宕山道，方得以顺利下山。三是为方便上山，在考察茅洋与北蝉交界处的赤石堠时，选择了沿旧采石场遗迹边缘上山。途中遇五节芒草和荆丛阻路，面对笔直的悬崖，不得不钻灌丛前行。行进中，突然发现手机不见，只得急急折返寻找，所幸在寂静的山林中隐隐听到微信的叮咚声，方得以寻回这部2018年新购买的华为Mate20X手机。四是在考察中多次遇到野猪、山麂的粪便，虽未真正与野兽相遇，但也为孤身穿越的行程增加了惊险的气氛。

其四，力救古墩。位于舟山岛东岸东港南中山的古接待堠遗址居悬崖之上，由于常年风力强劲，降雨丰沛等气候的影响，这个受自然风雨侵蚀、风化最为严重的遗址，墩台的遗迹特别低矮，难以辨别。巧合的是，2018 年 12 月 17 日，当笔者在徐金波 、孙雷鸣等先生陪同下考察这个遗址时，恰遇当地在修建健身绿道，几个村民正动手挖掘古烽火墩堆土以填塞木栈道之间隙。见此情景，我们当即上前劝阻，向村民说明了这个土墩的性质与价值，得到了村民的理解与支持。随后，施工的村民们自觉地向前来检查工作的普陀文广局相关领导和施工负责人进行了汇报，笔者等也与他们进行了面对面的沟通，得到了支持。后来，在普陀文广局蔡敏波局长等领导的进一步关心与支持之下，这个即将毁于一旦的数百年古墩终得以妥善保护。另一方面，《舟山日报》财经新闻（专副刊新闻）中心邱波彤主任通过笔者微信了解到这个信息后，当即安排记者陈静予以关注、采访，并于 2019 年 1 月 14 日，在《舟山日报》“海潮人文版”整版刊发了以《晚一天，明代接待堠就没了》为题的专题报道，对提升市民古烽火台遗迹保护意识起到了积极作用。

其五，纠正错讹 。经两次考察位于岑港双狮山的古碇齿堠遗迹后，笔者发现这个遗址虽于 1993 年 6 月公布为定海区文物保护单位，但也存在当地基层组织对保护等级、遗址位置不甚了解，以及因输电铁塔、发电风车建设而部分损毁的问题（但附近区域仍有保存较好的墩台）。其中，原文物保护牌位置所指的烽墩遗迹已因风车建设而损毁，但由于基层对此了解不多，更新后的保护牌仍立原址，出现了误指的现象。后来，笔者向定海区文广局领导汇报了这个情况，引起了高度重视。

此次考察探寻活动，全面梳理了舟山古代烽堠遗迹数量和位置，对明清两代的烽火台遗迹进行了全面的定位和考察，并拍摄了照片，记录了基本情况。其间，计研究与探寻烽堠（烽火台）遗址 28 个，发现烽堠（烽火台）土墩遗迹 86 个，是全国文物普查所调查资料的 4.3 倍。第一次发现了疑似宋代烽火台（瞭望哨）遗迹和 3 个疑似堠兵石屋遗迹。然而，舟山的古烽火台地处险远，数量庞大，加上天气、季节、交通等原因，以一人之力进行的探寻活动不足以窥视舟山古代烽堠遗迹之全貌，探寻活动也留下了些许遗憾：一是宋代十二烽铺遗迹未能得到全面考察；二是崎岙堠和塘头堠没来得及考察；三是由于后期军事、建设等方面的原因，古“海上长城”的保护现状不容乐观。

四、主要成果辑要

（一）舟山宋代烽堠遗迹的定位和概况

鉴于宋代距今遥远，烽铺坍圮湮废已久，且多在小岛之上，考察较为困难，笔者结合文献考证和地理环境分析，简要进行了定位。

招宝山烽铺：址在今宁波市镇海区招宝山。坐标：北纬 29° 57.8′，东经 121° 42.8′。

烈港山烽铺：址在今金塘镇大鹏山岛炮台岗和西堠炮台山。坐标分别为：北纬 30° 4.7′，东经 121° 49.9′，北纬 30° 03.6′，东经 121° 53.5′。

五屿山烽铺：址在今大五峙岛。坐标：北纬 30° 13.0′，东经 121° 53.3′。

宜山烽铺：址在今大鱼山岛炮台岗和打旗岗等。坐标分别为：北纬 30° 19.1′，东经 121° 58.0′和北纬 30° 19.8′，东经 121° 57.8′。

三姑山烽铺：址在今大洋山岛大山。坐标：北纬 30° 35.0′，东经 122° 4.3′。

下干山烽铺：址在今洋山镇薄刀嘴岛。坐标：北纬 30° 37.0′，东经 122° 8.3′。

徐公山烽铺：菜园镇徐公岛大（打）旗岗墩。坐标：北纬 30° 58.6′，东经 122° 16.9′。

鸡鸣山烽铺：菜园镇金鸡山岛沙山等。坐标：北纬 30° 45.1′，东经 122° 27.1′。

北砂山烽铺：五龙乡六井潭山等。坐标：北纬 30° 43.3′，东经 122° 31.7′。

络华山烽铺：东绿华岛大塔岗墩和老山会岗墩等。坐标：北纬 30° 49.2′，东经 122° 38.5′。

石衕山烽铺：花鸟山岛前坑顶等。坐标：北纬 30° 50.9′，东经 122° 40.9′。

壁下山烽铺：壁下山岛安基岗和壁下山岗等。坐标：北纬 30° 47.7′，东经 122° 47.9′。

根据宋开庆《四明续志》、延祐《四明志》、元大德《昌国州图志》等文献记载，结合民国地形图、1980 年版地图地形图等综合分析，笔者初步认定，金塘西堠炮台山、沥港宫后山，大鹏山炮台岗墩和河平村与山潭村交界处的炮台岗为宋代之一的洌港烽铺以及三姑寨（包括烈港子寨）的瞭望哨遗迹。主要依据有：一是南宋延祐《四明志》卷七、元大德《昌国州图志》卷二和清康熙《定海县志》卷二在金塘乡均有“东堠（忝）”“西堠（忝）”地名记载，说明东堠、西堠一带在宋代已有烽火台。二是清康熙《定海县志·金塘山图》于河平村与山潭村交界处的炮台岗位置上绘有烽堠图式。三是民国八年（1919）制版的 1 ∶ 2.5 万地形图也有“东候山”“西候山”注记，新中国成立后的历版地形图中，上述位置多有“炮台岗（山）”地名注记。

洌港烽铺及三姑寨（包括烈港子寨）瞭望哨：有疑似遗迹七处。一在东堠炮台山，坐标：北纬 30° 03.6′，东经 121° 53.5′；一在西堠火铳（铳）岗墩，坐标：北纬 30° 04.4′，东经 121° 52.7′；一在大鹏山炮台岗墩，坐标：北纬 30° 04.7′，东经 121° 49.9′；一在沥港宫后山，坐标：北纬 30° 04.3′，东经 121° 51.9′；一在河平村与山潭村交界处的炮台岗，坐标：北纬 30° 01.6′，东经 121° 52.0′；一在礁安炮台山，坐标：北纬 30° 04.7′，东经 121° 51.2′；一在穆忝炮台岗墩，坐标：北纬 30° 02.3′，东经 121° 50.7′。其中有部分可能是明和清两代右营水军沥港汛、金塘汛官兵的瞭望哨。

金塘岛东堠炮台山遗址：北纬 30° 03.6′，东经 121° 53.5′。今存 15 米 ×3 米石块散布区域 1 处，为人工堆石遗存，疑为当时的石屋残存，石间散存较多碎瓦，多厚而坚硬，其形状与尺寸较现代民用瓦有异。其东端有 1 处直径 3.5 米，高 0.5 米土石墩；向东约 30 米，在现代的壕沟尽头，可见已局部受到破坏的土石墩1处，并发现有堆石和砖块、碎瓦。

金塘岛沥港宫后山（炮台山）遗址：北纬30°04.3′，东经121°51.9′。今存土石墩5个，其中3个分布在山顶，2个分布在山脊线上。均土石堆砌。其中，1号墩上发现有碎瓦。

舟山堠：址在今定海城南东岳宫山。坐标：北纬30°00.6′，东经122°06.2′。遗址已圮，现无遗迹。

外湖堠：址在今定海城西晓峰岭。坐标：北纬30°00.8′，东经122°04.8′。遗址已圮，今建为鸦片战争纪念馆和三忠祠。

螺头堠：也称螺峰堠。址在今盐仓新螺头村炮台岗。北纬30°00′，东经122°02.2′。今残存烟墩3个，呈三足鼎立排列，墩上可见垒石和碎砖瓦，砖瓦规格类似于普通民用砖。

鹿颈堠：址在今双桥石礁村烟墩山。坐标：北纬30°01.1′，东经122°01.9′。今存疑似墩台遗址1座，直径4.3米，高2.0米。

蒲沙堠：址在今双桥里溪村墩头山。坐标：北纬30°02.4′，东经122°00.7′。今残存土墩8个，呈七星拱月状排列，均发现有古老的碎瓦。其中，3号墩体量最大，但上方有后期建造的疑似坍圮农村作业点石墙。

西山堠：址在今双桥与岑港交界的炮台岭。坐标：北纬30°03.4′，东经121°59.4′。今见残墩5个。其中4个外形完整，均为石砌墩台，墩上见碎瓦，顶上有疑似马蹄形的炮位或掩体，周边多壕沟，部分壕沟有高0.5米左右的石砌矮墙。1个外形损毁严重，疑为古烽火台主墩遗迹。从考察情况来看，其中4个疑似在后期改建为炮台，但建设年代不详。

碇齿堠：址在岑港双狮山炮台岗。坐标：北纬30°08.2′，东经121°59.2′。文物普查资料记载有墩台遗迹7个，今实际遗存墩台4个，散布在双狮山炮台岗及相邻山峰之巅。其中，1号墩直径（边长）约8.0米，高约4.0米，保存较为完整，并有疑似堠兵屋基的石墙基础。作为定海区文物保护单位的“双狮山烽火台”保护牌设在狮子岩岗，与主墩相距甚远，无法准确指位。

崎岙堠：址在今小沙增辉村炮台岗。北纬 30° 08.6′，东经 122° 00.5′。因时间原因未能得到考察。

郎家岙堠和西碶堠：分别在今小沙庙桥村炮台岗和碶头山。坐标分别是：北纬 30° 08′，东经 122° 02.6′；北纬 30° 08.5′，东经 122° 03.2′。由于时间关系仅考察了炮台岗，见半山有在天然裸岩基础上经人工改造的石墩 3 个，山顶有人工堆砌的石墩 2 个，周边有大量人工堆砌的痕迹。

袁家碶堠：址在马岙上袁与伍佰岙间的东炮台岗。坐标：北纬 30° 08′，东经 122° 04.7′。今存墩台遗址 4 座，外形完整，偶见碎砖瓦。

三江堠：也称山江堠。址在今马岙三江村祠山。坐标：北纬 30° 08.6′，东经 122° 06.7′。今存烟墩遗迹 6 个，沿山脊线近等距分布，其中 5 个呈圆台状，外形保存较好，各墩间距约 40—50 米。多数墩上见碎砖瓦，偶见碎陶片。

干碶堠：在干碶西码头村炮台山。坐标：北纬 30° 07.1′，东经 122° 07.9′。今存烟墩 5 个，其中 4 个分布于山顶，墩间相距 10—20 米，1 个分布于半山山脊台地。保存状况欠佳。

朱家尖堠：址在今朱家尖庙跟大山。清康熙《定海县志》卷五记载："朱家尖矗峙最高，所望独远，特设总台，多拨旗军瞭望。"遗址已圮，未见遗迹。

青雷堠：址在今定海青垒头山炮台岗。坐标：北纬 30° 00′，东经 122° 07.4′。仅见 1 个疑似墩台，附近均为废弃建筑和废弃炮台。在北侧 200 米山峰顶，等距分布 3 个石台，其中 2 个周围石块拱卫，并有 1 个呈七星状分布，为天然形成还是人工构筑，尚待进一步研究。

谢浦堠：址在今新城沧海新村以北的炮台岗。坐标：北纬 30° 00′，东经 122° 10.2′。今存墩中遗迹 4 个，沿西北—东南走向的山脊分布，以西北端最高，墩台最大。有明显的人工垒砌石块，残有少量完整小砖，并见残破石磨盘。砖长 14.5 厘米，宽 8.5 厘米。

石墙堠：址在今官山路以南的炮台山。北纬 29° 59.8′，东经 122° 12.7′。山体与遗址均毁，今已建为新城中央花城住宅小区。

包家堠：址在今千岛街道荷花村两眼碶与东港街道蒲岙村泉水岙之间的炮台山，为文物普查登记的泉水岙烽火台遗址所在地。北纬 29° 59.6′，东经 122° 14.00′。在最高峰约 100 平方米范围内相邻直线分布烟墩遗迹 3 个，高 1.2—2.5 米，边长或直径为 2.0—4.8 米。有碎砖瓦、石块。边上立有普陀区文物保护点碑。

石衕堠：址在今沈家门大干石弄炮台岗。坐标：北纬 29° 57.6′，东经 122° 16.0′。存 4 个墩台遗迹沿山脊和山峰散布，保存状态欠佳。

沈家门堠：址在沈家门青龙山和刺棚山。坐标：北纬 29° 57′，东经 122° 18.8′。遗迹沿刺棚山山脊线呈东西向分布，现存 4 个烟墩。保存状态欠佳。墩侧树有“刺棚山烽火台”介绍牌。

接待堠：址在东港街道南中山炮台岗。坐标：北纬 29° 59.8′，东经 122° 18.5′。今残存 3 个损毁比较严重的小土墩，外形多难以辨别。其中 1 号墩直径（边长）10 米，高 0.8 米，偶见小砖；3 号墩上设有“南中山”说明牌，其中提及了曾有烽火台的历史。

赤石堠：址在今展茅街道茅洋村七（赤）石嘴炮台岗。坐标：北纬 30° 03.6′，东经 122° 15.3′。存墩台遗迹 4 个，均损毁严重。

小展堠：址在今白泉镇小展镇井湾山。坐标：北纬 30° 04.4′，东经 122° 14.6′。今存烟墩 2 个，均为土石墩，并见有碎砖瓦。其中，1 号墩外形保存较为完整，2 号墩较为残破。

钓屿堠：址在今白泉镇新港村大山（送子岭上）。北纬 30° 05.5′，东经 122° 13.4′。今存烟墩 2 个，其中 1 号墩直径 5.0 米，高 3.5 米，外形基本完整，偶见碎砖瓦；2 号墩较为高大，直径 5.0 米，高 4.4 米，顶部直径 3.0 米，中有坑洞。

程家堠：址在今白泉镇河东村烟墩山。坐标：北纬 30° 05′，东经 122° 11.2′。存 2 个墩台遗迹，约距 25 米。偶见碎瓦和小砖。

石墠堠：址在今白泉林家岙与干䃰井头岙交界的炮台岗。北纬 30° 06.4′，东经 122° 10.2′。今存墩台遗迹 2 个，相距约 10 米。墩上有残存砌石，未见砖瓦。遗迹邻近有两座输电铁塔。

塘头堠：址在今东港街道与展茅街道交界的雷火地。因时间原因未能得到考察。

顺母堠：址在今朱家尖顺母村炮台岗。坐标：北纬 29° 56.1′，东经 122° 20.4′。今残存土墩 5 个，并有碎砖以及坚硬厚实的碎瓦。自西向东分布于山脊与鞍部，其中两个分布于鞍部，土墩间由高约 0.3 米，宽约 0.6 米的低矮碎石墙（坎）相连。

岑港宫烽火台：址在岑港街道岑港山尖峰岗。坐标：北纬 30° 04.9′，东经 121° 59.3′。今残存炮位或掩体遗迹 1 个，有石块等建筑材料及长约 3 米，高约 0.6 米小烟墩 1 个，因解放舟山战斗和“文革”中修建工事，遗迹受损严重。邻近有测量标志。

双合山烽火台：址在岱西镇双合村南大山炮台岗。北纬 30° 17.7′，东经 122° 04.1′。今残存遗迹 2 处，但损毁严重。其中 1 号墩因建通信信号塔而损毁，外形不完整，残余部分直径 8.0 米，高 1.3 米；2 号墩在狮子岩，直径 6.0 米，高约 0.6 米，墩侧有石屋基。

五、考察体会

经实地考察，舟山明清烽堠遗迹主要有环岛分布、地势险要、信息贯通、土墩残存等特点。环岛分布，分布在环舟山岛和朱家尖等岛沿海的山岗上，居高临下，视野广阔，尤其便于观察海面上的动静。地势险要，构筑在当时人烟稀少常有贼盗活动的险要地带。信息贯通，燃起烽烟后各墩之间能相互瞭望，便于信息联系。土墩残存，除山体已经被破坏的区域以外，明清两代烽堠遗址之上，多残有数个土墩遗迹。

古代烽堠和瞭望哨遗迹是舟山群岛近千年海防历史的见证，承载了舟山人民抵抗外敌入侵的不屈精神，也记录了舟山历代的战争场景，是舟山人民筚路蓝缕，砥砺前行，守卫海疆的历史见证，也是明清两代部分时期因军备松弛，造成防务能力削弱的历史见证。其中，西山堠、碇齿堠、袁家礇堠、干䃮堠、石墠堠、谢浦堠、沈家堠和普陀山的瞭望哨等分别见证了抗倭战争岑港之战、沙岐之战、柯梅之战、谢浦之战、沈家门之战、普陀山之战等战斗历程，并在其中发挥了重要作用。沥港炮台山、大鹏山岛炮台岗的古烽铺遗迹，则见证了沥港之战的历程和“平倭港”碑的由来。舟山堠见证了倭寇首领汪直（一名王直）的投降历史。小长涂山巡海瞭望哨见证了长涂三姐妹抗倭的英雄事迹，以及“抗倭井”“倭井潭”“参府弄”“参府庙”“梅林庙”等地名的形成与流传。白马礁、石崩港等地的巡海瞭望哨则见证了因浙江海防松弛而出现的西方葡萄牙殖民者入侵，以及存在了20多年的明双屿“自由贸易港”的形成与覆灭历史。明末清初，螺头堠也见证了南明鲁王朱以海的抗清，以及清军自螺头登陆攻占定海故昌国城的历史。鸦片战争时期，晓峰台、东山台和青雷台不仅在其中发挥了瞭望军情，传递信息的作用，更见证了定海三总兵率部奋勇抗击英国侵略者的历史，见证了我国因落后而被外夷打破国门的历史。

与此同时，古代烽堠和瞭望哨遗迹也是舟山烟墩山（岭）、炮台岗（山）、打旗岗、瞭贼嘴、擂鼓山、墩头山等许多地名的来源，为今天我们研究舟山明代海防历史与舟山地名文化关联，厘清地名来历与含义提供了宝贵的实物史料。

舟山古烽火台遗迹不仅是古代海防历史的实物证据，具有深厚的文化内涵，是讲好舟山故事的重要内容，其遗迹所在的山峰更是登高览胜的绝佳之地。览胜与文化相结合，赋旅游以生命力，文化与旅游相结合，赋文化以新活力。这些烽堠，不仅能为舟山发展全域旅游提供很好的历史实物景点，也是开展爱国主义教育、国防知识教育和历史文化知识教育的活材料。

六、保护与开发利用建议

（一）保护建议

调查归档。建议各县（区）文化和旅游主管部门在笔者调查考察的基础上，按文物普查的规范对现有古代烽火台进行全面的调查，并登记造册，建好档案。

提升等级。由各县（区）将舟山古代烽火台遗址作为一个完整的体系联合申报市级文物保护单位，设置规范的保护标识，并进一步加大巡查等保护措施，避免笔者考察中所见碇齿堠等遗址保护标识与实际遗迹位置不符，保护标识形同虚设的问题。借鉴宁波镇海等地对海防遗址保护的成功做法和经验，做好规划，选择适当的时机，将舟山古代烽火台、沥港平倭碑、西皋岭明代土城墙、普陀山海天佛国石、普陀山抗倭摩崖题记、金沙山明驻兵遗址，大小洋山、圣姑礁、大黄龙岛、枸杞岛等摩崖题刻，岱山长涂抗倭井等古代海防遗迹加以整合，以“舟山古代海防遗迹”为名，申报省级文物保护单位。

加强宣传。加强对舟山古代烽火台保护的宣传力度。充分利用各种媒体和各种宣传方式将古代烽火台的作用、价值和遗址保护的意义传播到各个领域以及烽火台所在城镇、乡村，使之家喻户晓、人人皆知，提高全民保护文物意识，发动当地群众共同参与到古烽火台遗址的保护行动之中。

（二）舟山烽火台遗迹的开发利用建议

加强编研，讲好烽堠故事。加强明清两代舟山海防历史研究，特别是进一步挖掘和搜集明代舟山抗倭和清代抗英史料，挖掘每个烽火台背后的战争故事，形成一批高质量的学术研究专著和科普宣传成果，提升其文化内涵，总结其文化精神，讲好舟山古烽堠故事，传承古海防文化，将烽火台故事作为讲好舟山故事的重要内容予以宣传，使之成为开展爱国主义教育重要载体。

树牌立碑，恢复历史原名。应用本次考察的历史考证成果，进一步规范每个古烽火台名称，恢复其历史原名，并树牌立碑，以碑牌的形式介绍相关知识。

复建烽炬，建设观景胜地。干礁墩、蒲沙墩、石墰墩、袁家礇墩、西礇墩、郎家礇墩、西山墩、钓屿墩、谢浦墩、接待墩、外湖墩、沈家门墩、顺母墩、三江墩、青雷台、岑港宫后台等烽墩遗址，以及金塘西墩山、朱家尖月岙、东沙、兵船湾、蜈蚣峙和岱山双合等瞭望台（哨）遗址附近风光优美，交通便利，可在保护古烽火台遗址的前提下，以实施全域旅游为契机，结合“定海十八岙旅游”“特色乡村休闲旅游”以及健身绿道建设，对照古烽火台的照片，选择古烽火台遗址邻近位置复建一批仿古烽火台和观景平台，更好地拓展文化传承的现实环境，使游客饱览群岛的海山风光和海上花园城市胜景。

打响品牌，促进全域旅游。征集历史文物，制作遗迹复件或展示图板，选择适当位置建设舟山海防或抗倭遗迹展示馆，集中展现舟山古代抗倭遗迹的风采及保护过程中发现的相关文物，通过展示古烽火台及其他古代海防遗迹的魅力，弘扬海防文化，打响舟山群岛“我国古代海上丝绸之路发源地”和“古代海防第一哨”的品牌，增强游客前往探寻的愿望，促进全域旅游的发展。

文明曙光：白泉十字路史前遗址是如何被发现的

王和平

舟山群岛历史悠久，源远流长。从20世纪七八十年代开始，在舟山本岛及金塘、岱山、嵊泗等较大岛屿上先后发现原始人类遗址几十处（见图一），它见证了舟山群岛在五六千年之前已有原始人类在这里开荒辟野，农耕狩猎，捕鱼劳作，繁衍生息。在已发现的众多的新石器时代遗址中，历史最为悠久且有代表性的到底在哪儿呢？大家可

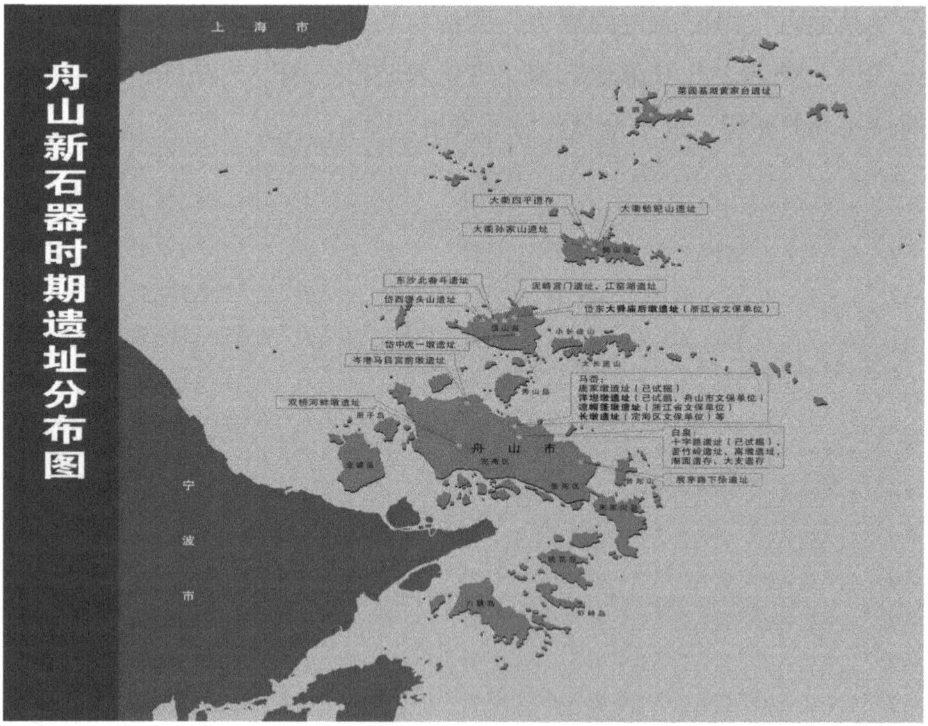

图一　舟山新石器时期遗址分布图

能会说：定海马岙呀！这是人们对马岙近一二十年注重打造土墩文化即“海上河姆渡，千岛第一村”的普遍认识。难道说还有早于定海马岙的史前文化遗址吗？回答是肯定的。现在为大家讲述一个舟山史前遗址被发现的故事。

一、偶然发现

话说四十多年前的“农业学大寨”运动时，大力倡导的田成方、树成行和农田灌溉水渠化是实现农业现代化所追求的目标。为此，凡到冬季与农闲，舟山各地都要进行农田治理和兴修水利。

记得那还是1975年初，定海县白泉公社决定在十字路附近兴修农田水利灌溉工程。开工后，红旗招展，人头攒动，大家干得热火朝天。正在此时，一件奇怪的事情在工地发生了。那就是在靠近河口的低台地上，挖出了红烧土块、陶片及兽骨等。那时，大家都觉得奇怪，这里的土色与其他地方不一样，挖出的东西不知是什么、有无价值。当时我也在兴修水利工程现场，大家都觉得好奇。于是，我们向工地指挥部作了汇报，工地指挥部领导也吃不准，随即向县文化部门作了汇报。县文化馆一位乐姓的女同志接了电话，她说，县文化馆没有熟悉这方

图二 定海白泉十字路遗址所在地

面工作的人员，要不你打电话与地区文物办联系一下，我知道一位姓陈的同志懂考古，他办公室的电话是305。工地指挥部与地区文物办电话联系上后，陈金生老师一行马上乘车赶到白泉十字路兴修水利工地。经过一番察看，认为这是一处史前文化遗址无疑（见图二）。当时大家都议论开了，这些破罐破瓦年代有那么久？难以置信。随后，地区文物办向工地指挥部提出了这一区块先作保护的要求。同时，他们还向浙江省博物馆作了联系汇报。从此，我也与文博工作结上了缘。

二、抢救发掘

为了解开这个历史谜团，同年5月，浙江省博物馆史前考古专家王明达会同舟山地区文物办陈金生、车戈老师等对白泉十字路遗址进行了抢救性的发掘，我见证了这一发掘和调查过程。

白泉镇位于舟山本岛的西北部，三面环山，北面靠海。而十字路遗址则位于十字路东侧的水稻田板块上，面积约1万平方米左右。从发掘情况看，包含文物遗物的层次比较平整（仅10—35厘米之间），其上下都是沉积的淤泥层。出土器物有：陶器、石器、红烧土、木桩、蛤蜊及兽骨等。其中有完整陶器2件（包括遗址附近采集1件），碎陶片较多。从陶片看，以夹砂红灰陶为主，泥质红灰陶次之，还有少量的夹炭黑陶。陶片以素面为主，也有一些用裹着绳索的印棒自上而下转动压印出来的绳纹及手指捺纹和圆镂孔纹等。据考古发掘的老师介绍，陶器火候较低，陶质疏松，均属手工制作。陶器的使用，也说明原始居民已经过上定居的生活。

在已发现的器物中，可以辨别的有：陶釜、陶豆、陶罐、猪鼻形支座、象鼻形支座、陶鼎足及牛鼻式器耳等等。尤其一件精致的鸟形盏，头部实心体，高出盏面3厘米，左右两侧各钻一个小圆孔作为鸟眼睛，尾部盏边较宽，圈足，素面，泥质灰陶。此鸟形盏制作奇特，栩栩如生，且是一个完整器，十分难得（见图三）。现在舟山博物馆群岛史迹展厅展示的史前文物中独占鳌头。

图三　鸟形盏，通高 8.2 厘米，口径 8.7 厘米。白泉十字路遗址出土

鸟形盏的发现，应与鸟图腾崇拜有关。鸟图腾是原始先民主要崇拜的图腾之一，尤其是东南沿海一带原始部落对鸟敬之若神，构成了原始先民的历史文化生活和精神文化生活。十字路遗址鸟形盏的发现，间接地告诉我们，当时的原始先民似有祭祀性活动的存在。

在发掘中，发现有一种叫夹炭黑陶的，也比较有代表性。在陶土中发现羼和草类、谷壳等有机物，在器壁中还可以看到稻谷等炭粒结晶，说明当时制陶技术还比较原始，以羼和物增加陶器的耐火度。从另一个角度看，谷壳作为羼和物，也可说明原始居民已能栽培水稻了。十字路遗址出土的牛鼻式陶罐与余姚河姆渡遗址出土的牛鼻式双耳罐器型相同。出土的猪头陶片，形态逼真，被浙江省博物馆永久收藏，展陈于史前文化厅。

十字路遗址还出土了为数较多的手工业器具，如石纺轮、陶纺轮等，这表明除了从事农作的生产者外，还有从事手工业者。

记得有一天，白泉繁强大队有一青年社员送来了一个长条形石器，后经省博物馆老师认定叫有段石锛，是在十字路遗址附近采集的。在此区块采集的还有石斧、石纺轮等，磨制均较粗糙，有的石器还有使用过的痕迹。

此时，大家都非常关心定海白泉十字路遗址的历史到底有多悠久。据考古队老师介绍，他们通过对比分析，认定白泉十字路遗址相对年代与余姚河姆渡第二文化层年代大致相当，距今约6000年。也就是说，白泉十字路遗址比后来发现的定海马岙唐家墩新石器时代遗址还早1000年左右，也比岱山大衢孙家山发现的史前遗址还要早很多。因此，白泉十字路遗址被称为舟山群岛“文明的发祥地”“海岛文明的曙光”，它在我国海洋与海岛文明史上也具有举足轻重的地位。

三、海岛探源

当我们的祖先还处于以采集和渔猎为生的时代时，其生产力水平是极其低下的。为了生存，他们居住在靠水近海的台地上，过着狩猎、农耕、家养畜牧、渔捞及采集蛤蜊等水生动物的生活，依靠本地特殊的自然资源而生存，并随着海平面的变化而不断迁移。

从文化传播来看，舟山的史前文化受余姚河姆渡文化、余杭良渚文化等影响较大，白泉十字路遗址与余姚河姆渡遗址第二文化层年代相当，文化内涵相当接近，但又具有海岛特色。从年代上看，最早进行海上传播的时间为距今6000年左右。经过漫长的岁月，先民从自然界受到各种有益的启发，“古者观落叶以为舟”“见窍木浮而为舟”的记载，就反映了原始人类对一些物体有浮力的认识。尤其是居住在江河湖海一带的原始居民，出门见水，他们就是处于这样一个多水的环境中生活。分析舟山海陆变迁的情况，距今6000年左右的舟山已经形成海岛，可见这种文化传播与原始航海有着密切关系。当河姆渡人发现独木舟和木桨1000多年以后，原始居民渡海来到舟山群岛定居，尤其是在五六千年以前，舟山海平面比今低5—6米的情况下，向浅海地区进发犹如渡江河一般，而且利用海洋季风在海上频繁活动，这是造成舟山群岛史前文化和大陆河姆渡等史前文化一致性的主要原因（图四）。

曾经有人这样猜测：舟山在形成群岛之前是不是已有原始人类在此活动？海岛形成后，分隔两地。这可能基于两个方面的考虑：一是前些年在册子、东极及嵊泗等地洋面上打捞出不少的古脊椎动物化石，证明两万年前有水牛、四不像鹿等动物在此活动，此时的原始人类也

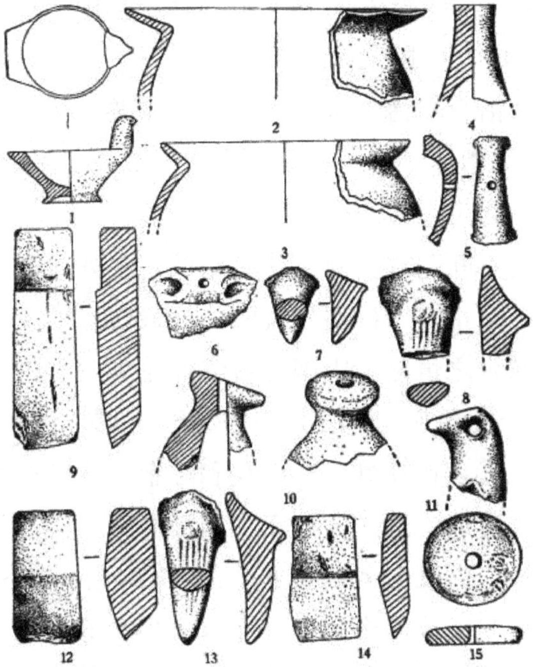

图四　白泉遗址出土器物。1. 鸟形盉 2. 多角敞口釜 3. 敞口釜 4. 细把豆 5. 器把 6. 牛鼻式器耳 7.8.13．鼎足 9.14．有段石锛 10．猪鼻形支座 11．象鼻形支座 12．石斧 15. 石纺轮（详见王和平、陈金生《舟山群岛发现新石器时代遗址》一文，1983 年《考古》第一期）

会不会在此繁衍生息？二是舟山发现了 4 万年前即旧石器时代的木棒化石，据说棒上有打击痕迹，以此来推测约 4 万年前舟山已有原始人类在此活动。但它毕竟是孤证，又无其他共存物作佐证，故此说难以成立。

大家知道，海岛形成是有个过程的。从海底沉积物放射性碳素测定和孢粉剖面分析，2 万年前海平面低于现在 100—120 米左右。又据海岸以外浅海大陆架上动植物化石研究，发现在 1.5 万年前的海平面低于今日约 130 米。舟山群岛属浅海环境，它与宁波、镇海之间的海深处在 40—80 米之内，舟山六横与宁波之间个别极值在 107 米。可见，在冰河时期（约 1.5 万年前）舟山群岛与大陆是相连的。自更新世末期与全新世以来，杭州湾两岸、舟山群岛地理环境发生了变化，气候变暖，海平面上升。到了旧石器时代末期（距今约 1.2 万年），海平面上升到低于今海平面的 110 米处。在距今 1.1 万年，海平面上升出现高潮，海水淹没了大陆上低平的平原河谷，原来较高的山丘或丘陵露出海面，成为岛屿，舟山群岛就是在这个时期形成的。到了距今 7000—6000 年，海水直薄会稽、四明山麓线，宁绍平原成为一片浅海。在新石器时代中晚期（距今约 6000—5000 年），海平面逐渐达到了目前海平面以下的 5—6 米处，那时舟山与宁波、镇海之间海峡变宽，水位也随之变深。直到西周初期（距今约3000年）海平面才达到了现在的水准。那时，大片陆地成为海洋，山丘则形成岛屿。

海平面的升降变化，对生活在沿海地区的人类至关重要。从舟山发现的定海白泉十字路、岱山大衢孙家山、定海马岙唐家墩、金塘仙人山、嵊泗菜园等遗址来看，原始居民大多住在靠山近海的台地或土墩上，同时，又随着海平面的升降而不断迁移。白泉十字路就是一处典型的靠山近海的古遗址。它是迄今为止舟山群岛发现的一处最古老的史前文化遗址。中国著名考古学家张之恒著《中国考古学通论》一书中指出："定海白泉十字路遗址、余姚县龙山朱山、下庄遗址、宁波八字桥、妙山遗址共同列入河姆渡文化代表性遗址。"由我和陈金生老师撰写的《舟山群岛发现新石器时代遗址》一文发表于中国社会科学院考古研究所1983年《考古》第一期，白泉十字路遗址就是该文的核心内容。这一考古调查报告发表后，引起了我国史前学界专家、学者的广泛关注。它对研究舟山群岛人类的起源和海岛与大陆之间的有机联系及舟山史前岛与岛之间的文化传播等都有十分重要的意义。用浙江省文物考古研究所王明达研究员的话说："舟山群岛发现六千年前的新石器时代遗址，这是我国海岛地区迄今为止发现的最早原始人类遗址，它的历史意义不言而喻。"

图五　白泉十字路遗址

白泉十字路遗址的发现，揭开了6000多年前海岛原始人类的生活图景，生活在舟山群岛的先民们，为祖国宝岛的开发起了开路先锋的作用。如今，一件件史前文物在浙江博物馆和舟山博物馆分别收藏和展出，它见证了原始人类开发海洋与海岛的悠久历史和灿烂的原始文化。为此，1986 年 5 月，白泉十字路遗址被舟山地区行署公布为舟山地区级重点文物保护单位，这应是舟山地区最早公布要保护的史前文化遗址。1991 年在原址竖碑，并明确了相关保护区域。

抗英忠烈　民族脊梁

——“三忠祠”与定海三总兵的故事

王和平

当你登上舟山鸦片战争纪念公园最高处——晓峰岭，你一定会被一处省级重点文物保护单位所震撼：四合大院，屹立山顶，御旨石碑，褒奖恤典。它是为专门祭祀定海镇总兵葛云飞、寿春镇总兵王锡朋和处州镇总兵郑国鸿而建的纪念建筑，名曰“三忠祠”。始建于清道光二十六年（1846），重建于光绪十年（1884），迁建于香港回归时期，是国内为数不多的近代纪念建筑之一，具有重要的历史纪念意义和重大的历史研究价值。

作为舟山鸦片战争纪念馆馆长的我，十分荣幸能在“三忠祠”偏房内办公，写三总兵事迹，讲三总兵的故事……

一、英军撤离　定海收复

话说1841年初，钦差大臣琦善与英国侵华全权代表义律拟订了《章程底稿》（即被后人称之为《穿鼻草约》），主要内容是：以舟山换香港、赔偿巨款及交还俘虏等。这一《章程底稿》签订后，义律撤职，被召回；琦善革职，被发配。到底为何呢？道光帝在1841年3月2号接到琦善上奏的《章程底稿》时，朱批“一片呓语”（即大白天说梦话），足见《章程底稿》没有得到朝廷的批准，是琦善自作主张与英酋私拟。侵华全权代表义律于1841年2月23日将《章程底稿》送呈英国外交大臣巴麦尊，意在向本国政府邀功，孰知巴麦尊对义律的做法也大为不满。4月21日，巴麦尊写给义律的一封私人信件中对其交涉方法及结果表示气愤，认为义律撤出舟山是对中国方面取决权的屈从。他在信中写道：

“我们的海陆军世界无敌，拿下舟山后，我们爱保留多久就保留多久。”他责备义律违抗他的指示。于是，巴麦尊提议，英国内阁会议决定：舟山必须重新占领；义律免职召回；璞鼎查前往接替。

正在此时，根据义律与琦善在广州的谈判结果，定海英军于1841年2月25日全数撤离。钦差大臣伊里布随即派定海镇总兵葛云飞、处州总兵郑国鸿、寿春总兵王锡朋率兵三千前往接收失去半年多的定海。在此之前，道光帝因伊里布进兵迟缓，改派江苏巡抚裕谦为钦差大臣，前往浙江。

定海三总兵从踏上舟山的那天起，已注定成为历史人物，成为民族英雄。

葛云飞，字鹏起，浙江山阴县（现为杭州萧山）人。年三十一，中武举人；年三十五，中武进士。他在《登第诗》中写道：“事业皆争第一，功名我自励千秋。”表示取得功名不作为升官发财的途径，而是要为国家建立千秋功业。葛云飞先后到过宁波、黄岩、温州、乍浦和定海等地任职，由千总、副将五次提升，擢至定海镇总兵（总兵为正二品）。

郑国鸿，字雪堂，湖南凤凰厅（今湖南凤凰县）人，嘉庆二十二年（1817），任湖北黄州协都司。道光元年（1821），晋升提称中军参将，后历任广西平乐协副将、护理郧阳镇总兵、湖州协副将、浙江处州镇总兵。

王锡朋，字樵慵，顺天宁河（今河北宁河县）人，嘉庆十三年（1808）中武举，任营守备。道光元年始，历任营游击、营参将、协副将、总兵。道光十八年（1838），调任安徽寿春镇总兵。

三总兵相继会集定海后，在钦差大臣裕谦的统领下，筑土城、炮台及围城，调拨火炮、增加兵力，向朝廷奏请升定海县为直隶厅等等。与此同时，还组建了定海城守营。因前次战斗，定海镇标三营均为水师，水师不保城池，守城无专兵。为此，从浙江绿营中抽调兵额一千名，专设一营，专司守城，隶属于定海镇总兵。再是改造战船。定海原设战船，以艇船为最大，同安船次之，而钓船最小。将30艘钓船裁去24艘，建造艇船7艘。

此时定海的防御体系比第一次定海之战时已有了明显改善。但从近代战争的角度看，该防御体系仍有不少缺陷。为此，葛云飞建议："塞竹山海口，添筑西路晓峰岭、南路五奎山暨毛港、虎头颈诸炮台。"裕谦未采纳，认为定海善后各事，已耗帑数十万两，财力不逮，实行困难。为此，葛云飞总兵等提出预支自己的三年俸禄，以建造防御工事等，但遭到婉拒，说朝廷无先例。事实证明，这些弱点在后来的第二次定海保卫战中暴露无遗。

二、三镇同心　血洒疆场

英国政府为了攫取更大的侵华权益，继而发动了第二次全面进攻，舟山则又被列为侵占的重要目标。英军将重新攻占后的舟山作为军事基地，并宣布定海为各国船只可以自由进出的贸易港。

1841年6月5号，璞鼎查领命离开英国后，以67天的超常速度，与英国海军司令巴加于8月10日抵达澳门。8月12日，璞鼎查在澳门发布通告，声称他不会和广东当局接触，并将用武力来继续他的前任（义律）对香港的占领。8月11日，英军大举北上，26日，厦门被攻占，英军驻兵鼓浪屿。

当时，朝廷接到洋务大定的假报告，各地驻守在定海等地的支援部队按朝廷旨意正准备撤离。8月30日，定海镇总兵葛云飞正在定海城北住宅为即将撤离的寿春总兵王锡朋、处州总兵郑国鸿饯行时，突然接到英国侵略者于8月26日攻占厦门、继续北犯的报告。这时，王锡朋和郑国鸿两总兵表示与葛将军共进退，决不撤离，并要求到最危险的土城驻防。

9月5日，英军舰队主力北上进攻舟山群岛。这一舰队共有艇船近29艘，其中军舰6艘，测量船1艘，武装汽船4艘，运输船19艘，载运第55团、第18团，第49团等部，先头部队约两千兵力。英海军少将威廉·巴尔克爵士为总司令。

北犯的英军舰船因动力不一，再加上风向不顺，舰队无法统一行动。

根据原先作战计划，英军准备先进攻镇海、占领宁波，再进攻定海。由于天气恶劣，舰船无法汇集镇海。于是，英军决定，“立即侦察定海港的防御情况”。25 日，两英军司令分乘“复仇神号”和“弗莱吉森号”侦察定海城的防御工事。英军看到从城东青垒头到小竹山已横筑了一道土城，上有 267 个炮眼，架着 95 门不同口径的大炮。晓峰岭有一个清军阵地，城南东岳山兴建了一个炮城。

1841 年 10 月 1 日凌晨，英军从塔山登陆（英军随军医生爱德华绘）

9 月 26 日，战斗打响了。清军奏报，英军两艘轮船拖带两艘大船，由竹山门驶入内港。定海总兵葛云飞指挥将士在土城开炮，击断英舰头桅一支，英船遂从定海道头港南水道与五奎山之间的吉祥门逃窜。据英方记载，英舰“弗莱吉森号”和“复仇神号”载送英海陆军司令前往侦察，详细观察了清军在晓峰岭、竹山门至青垒山一带防御设施及大、小五奎山等防御情况时，遭到了清军的炮击，击中一艘英船头桅。

此时，定海总兵葛云飞一面向镇海求援，一面调整部署。葛云飞部驻土城要冲，担负正面防御；王锡朋部驻守城东制高点——晓峰岭；郑国鸿部驻守城西要隘——竹山门。手握重兵的浙江提督余步云回复说："小题何须大作，拟故意夸大其词，为他日论功乎！"并命葛云飞"但当死守，弗复望援，一有疏虞，唯该镇是问！"葛云飞看到上司如此的批复，只能仰天长叹。

9月27日，清军奏报，中午时分英轮船三艘，三桅船一艘驶入竹山门窥探，葛云飞督军开炮轰击，击断英船大桅，英船遂即逃窜。英军通过侦察，发现横贯青垒山与竹山门之间的土城是"一座最坚固的炮台"，土城后的东岳山"已经坚强设防"，因而认为不宜从南面登陆，决定把西面的晓峰岭山脚和竹山门作为登陆点。

9月28日，英舰"摩底士底号""哥伦拜恩号"和"复仇神号"攻打晓峰岭下一座尚未竣工的石头炮台和一个堑壕的坚固军营，开炮三四百发，为英军登陆清除了障碍。同时，英舰船长葛拉率领大约50名士兵驾驶舢板船企图在竹山门登陆，被郑国鸿部击退。另一队英军从螺头登陆，进攻晓峰岭。左营游击胡德耀指挥所部奋力抵抗，胡德耀被子弹打中右手心，骨碎脉断，当即昏了过去。王锡朋率兵接替他的阵地。

傍晚，英军绕至定海城南，占领了五奎山。这时，英军舰队从黄牛礁一带纷纷抵达定海港。

9月29日，英舰"布朗底号"及武装船"皇后号"等在小五奎山和大五奎山以南就位，建造了一座可以安装一门68磅和两门24磅重弹的炮台，用来轰击土城。据清军奏报，葛云飞部趁其炮台尚未建好，在土城开炮轰击，打破帐篷5顶，击碎火轮1艘。

9月30日，英军自小竹山东南吉祥门驶入，攻打东港浦，被守军开炮击退。此时，驻扎在厦门鼓浪屿等地的英舰也先后到港，英军兵力达4000以上。根据英军奥塞隆尼在《对华作战记》中记载："到9月30日，所有必要的登陆准备已经完成。"

由于连日大雨，地面积水很深，这给定海守军带来了极大的困难。此时，定海厅同知舒恭受带领民众把食品送到将士手中，并与将士一起与侵略者进行顽强的战斗。但食品还是短缺，每个士兵每天只能分6

条香糕、9只光饼，合计不到半斤。这里还有这样一个感人的故事：有几位定海父老特地给葛总兵送来了一碗参汤，并诚恳地对葛总兵说："葛大人您为守卫定海日夜操劳，出生入死，我们定海百姓非常过意不去，这碗参汤是对您的一点心意，请您喝了吧！"葛云飞听了后，十分感动，流下热泪。他说："葛某身为守土之官，不能驱逐侵略者，致使英军猖狂到如此程度，还有什么面目见我父老？即使每天喝定海的一杯水，心中也会感到不安。如今将士们忍饥杀敌，我怎能独饮参汤？请父老们不要把我挂在心上。"在父老们的再三恳请下，葛云飞接过参汤，将它倾洒在土城边小溪里，然后大声地对将士们说："诸位与葛某枵腹苦战多日了，请共饮此水，让我们共同杀敌吧！"将士们目睹此情景，格外感动，士气更振。

10月1日凌晨，英军发起总攻，一路攻打土城和东岳山镇远炮台，牵制葛云飞所率守军；另一路从定海西北面登陆，强占晓峰岭。攻打土城和东岳山一路的英军，由"摩底士底号""威里士里号"等5艘军舰组成。在五奎山炮兵的配合下，英军冲入东港浦，以猛烈的炮火轰击土城与东岳山。守军奋力还击，战斗打得相当激烈。

另一路由第55团、第18团的1500名英军组成，从西北面登陆，他们乘"弗莱吉森号"上岸，向晓峰岭发起冲锋。驻守的王锡朋部以火绳枪、抬枪迎战。激战中，他们的武器"至有红透，不能装打"，但依然殊死地进行战斗，连续九次杀退敌人的进攻。王锡朋总兵奋勇当先，手刃数敌，忽被英军炮击，击断一腿，壮烈牺牲。因守军武器装备与英军相差悬殊，晓峰岭被英军攻陷。随后，英军兵分两路，一路扑向定海城北门，占领县城；另一路由晓峰岭直奔竹山门。驻守在竹山门已65岁高龄的郑国鸿总兵，面对水陆两路敌人的进攻，沉着镇定，指挥所部毫不退缩。这时有将士劝他撤离竹山门，郑国鸿认为"武臣致命疆场，坚决不撤"。在英军强烈的炮火下，郑国鸿"身被重创，杀犹挥刀力战，手刃悍贼数人而死"。最后，寡不敌众，竹山门陷落。

英军连连拿下晓峰岭和竹山门后，气焰更凶。一支英军沿土城东进，在东岳山以南架起大炮，配合五奎山炮兵及进攻东港浦的英舰，三路进攻东岳山炮台及道头一带土城。当从晓峰岭和竹山门退下来的士兵向葛云飞报告两处阵地失守、两位总兵殉难的消息时，葛云飞感到形势严重到无法挽回的地步了。于是，他将印信交与随从，又嘱咐一位同乡亲兵说："此我尽忠时也，家里老母八十，知某死，泪眼欲枯，当为其百计慰之，并转告儿辈力图奋勉，继乃父未竟之志。"话音未落，英军第 18 团士兵带着 2 门轻炮，沿着土城逼近东岳山炮台。当英军步步逼近时，葛云飞命所部 200 余人，分段把守，持刀械冲出，与敌开展肉搏战，一直杀至竹山门脚下。葛云飞挥刀左劈右砍，先后中弹 40 余处，左眼球暴出，仍挥刀战斗，最后中炮阵亡。

定海"三忠祠"（左处州镇总兵郑国鸿，中定海镇总兵葛云飞，右寿春镇总兵王锡朋）

经过六天六夜的激战，海防要塞定海又一次沦陷于英国的船坚炮利之下。

第二次定海保卫战，三总兵及参将张玉衡、副将托安泰等将领全部战死疆场，5800将士无一变节。据中方奏报，"陆路杀贼，寿春、处州官兵均极勇敢，剿杀逆夷一千数百名"。这个数字不一定确切，但与定海东岳山的一座英军合葬墓碑文"悼念皇家 55 团伍长及军鼓手 13 名及士兵 403 名，死于舟山"相印证。当时参战的还有英军第 49、26、18 团以及其他部队，其伤亡还未计算在内。故第二次定海保卫战成为中英开战以来抵抗最烈、时间最长、歼敌最多的一次战役，它在中国近代史上具有十分重要的地位。

三、浩然正气 天地长存

道光帝御赐恤典三总兵石碑

一个民族，不会忘记自己的英雄；一个国家，懂得弘扬赤子的爱国情怀。

1846年7月25日，英军撤出定海后，朝廷建祠立碑，以纪念民族英雄——定海三总兵及定海知县等。

光绪十年（1884），驻守定海的台州知府成邦干倡议重新修建“三忠祠”（原“三忠祠”建于咸丰四年即公元1854年）。这一倡议得到了舟山民众的积极支持与拥护，仅四个月时间，一座由前大殿、后大殿、偏殿组成的“三忠祠”在定海城南郊建成（原址定海廷佐二小，现迁至舟山鸦片战争遗址公园晓峰岭）。祠中安放葛云飞、王锡朋、郑国鸿及亲兵王连升等牌位。偏殿内立有宁绍台兵备道薛福成撰写的《新建三忠祠碑记》，碑文千余字，概述了定海三总兵抗英斗争的英勇事迹。碑记写道：“光绪十年，属又有法兰西之衅，湘乡成君帮干以台州知府统兵定海，至之日，谒于祠下，慨然顾请将士曰：男儿出身勤国事，生当封万户侯，死当庙食百世，如三公庶几不负者。”又写道：“今年春法舰泊镇海口门，我炮台先后击中其两艘。相持数月，敌计益穷。是时民间传言，夜见海滨神灯无数，有葛将军朱将军（朱贵）效灵助战。”从碑记可以看到，主将葛云飞在定海军民心中是何等神圣。

定海“三忠祠”先后被列为县级、地区级、省级重点文物保护单位。

只有当一个民族真正站起来的时候，才能正视和反思屈辱的历史。在香港回归期间，浙江省在当年定海保卫战主战场隆重举行了“公祭三总兵，迎香港回归”典礼。与晓峰岭“三忠祠”呼应矗立竹山的三总兵雕像，日月相伴，气贯长虹！

至今，舟山鸦片战争纪念馆（三忠祠）被中共中央宣传部授予“全国爱国主义教育示范基地”，被国家国防教育办公室授予“国家级国防教育示范基地”，是浙江省仅有的两处“双基地”之一，它反映了舟山鸦片战争纪念馆和“三忠祠”在全国爱国主义教育和国家国防教育中的重要地位。

“人间长存英雄气”，正是因为历代都有定海三总兵那样的先烈，五千年的神州大地，才有了永远的勃勃生机！

舟山历史灯塔

邓进平

舟山市地处东海，长江出海口的南侧，由1390个岛屿组成，有“千岛之城”的美誉，辖二区二县，区域面积2.2万平方公里，海域面积2.08万平方公里，西临宁波，西北望上海，是古代“海上丝绸之路”的必经之地。同时舟山海域暗礁众多，冬有寒潮，夏有台风，属海难事故多发地。为保障海域船只的航行安全，舟山沿海早在唐、宋时期就设有助航设施，以后历朝各代，沿海居民都建有简陋的灯光设施用于夜间作业的船只归岸。清朝末年，随着海上贸易的日益繁忙，清政府海务科筹划在中国沿海建造灯塔，舟山作为上海、宁波对外贸易的门户，理所当然成为海务科筹划的重点，舟山海域主要的灯塔设施就是在此背景中建立起来的。

一、早期的灯光助航设施

灯塔是历史最悠久的助航设施之一，一般设置在沿海、沿江航线附近的岛屿、礁石或岸边。通常建成塔形，故名“灯塔”。它对保障往来航行船只的安全至关重要。

在西方灯塔传入中国之前，舟山沿海也有一些简陋的灯光助航设施，沿海居民们在他们船只往来的岸边，或地势险要的地方，建立指示航行的简陋标志。唐时，大衢岛海拔300多米的观音山上建有宝塔，每逢夜间，出家人便在塔顶点灯，引导渔船归航。此后，该塔被称为“天灯塔”。后来沿海居民仿效此法，于高峻险要处建立宝塔、守望台、土堆等，在铁制的圆盘内盛植物油，用棉纱线搓成灯芯，自制土式灯光置于结构简陋的高层建筑物上，其所散发的灯光，见距大约只有一两公里。这种简陋的灯光助航设施，虽然导航距离极其有限，但对讨海维生的渔民们以及远航夜归的游子而言，却犹如在心中点燃了希望的灯火。

说起这些简陋的灯光设施，舟山历史上还发生过一个十分感人的真实故事。

清道光年间，福建一批渔民来到浙江舟山东极海面赶鱼汛捕鱼，在一次风暴中，渔船在庙子湖岛附近触礁沉没，船上的大多数渔民葬身鱼腹。只有一位名叫陈财伯的渔民凭着一身泳技，侥幸地爬上了庙子湖岛，像原始人一样在这座荒岛上生活下来。想到自己的遭遇，为使其他渔民兄弟不再重蹈覆辙，以后每遇夜间风暴，陈财伯便在荒岛山岗上燃起篝火，给在附近海域生产的渔船导航。开始时，在海面上生产的渔民还以为山上出现的是神火。未久，陈财伯在饿累中去世了，篝火不再出现，有胆大的渔民为揭开“神火”的秘密，便于一个风平浪静的白天爬上庙子湖岛。看到陈财伯的尸体倒在熄灭的篝火旁边，大家明白了“神火”的由来，都非常感动，遂将其葬于篝火旁，并立庙祭祀，其点燃篝火的山头亦被命名为“放火山”。现陈财伯墓及庙已被公布为文物保护单位。

这些非专业的助航设施虽然对出海航行的船只安全起到了一定的导航作用，但由于缺乏专人管理，明灭无常，船只的安危主要还得依赖天气和幸运之神的眷顾。

二、近代灯塔的建成

清朝末年，随着上海、宁波以及长江内河港口相继开埠，通往日本和太平洋的航线日益繁忙，简陋的土灯设施已远远不能满足航行的需要。为保证航行安全，也为控制中国海上交通，当时任清海关总税务司的英国人赫德便指示海务科筹划在中国沿海建立一批灯塔，舟山海域更是筹划中的重点区域。

赫德（Robert Hart，1835.2.20—1911.9.20），英国人，生于北爱尔兰亚马群波达当的没落酒厂主家庭。19 岁时被派到香港受训，他勤学苦练，了解和掌握许多中国情况。后又调到广州，任英国领事馆翻译，乘机认识了许多中国政要。他自制、沉着、圆通，又熟悉官场礼节和中国士大夫的习气，深得清政府的信赖。1863 年，28 岁的赫德被任命为海关总税务司，兼管灯塔、港务、气象、邮政等业务。自此，他以总税务司名义发布通令，命令各关设立海务科，攫取有关中国主权和国防机密的港口、航运、航标、测量、潮汐、气象、水文等资料，并建议清政府在沿海各通商口岸设立灯塔。这一建议得到清政府的采纳。1870 年，赫德亲赴沿海各处，勘定灯塔位置。中国沿海各处近代化的灯塔就是在此情况下设立的，而其中最为著名的当数舟山沿海的花鸟山灯塔。

花鸟山灯塔，又称花鸟灯塔，位于浙江省舟山市嵊泗县花鸟岛西北的山嘴上，地理位置为北纬 30°51′，东经 122°40′。花鸟岛位于长江口外，东海舟山群岛的最北端，嵊泗列岛的东部，因岛形呈飞鸟状而得名。

花鸟山灯塔为当时清海关海务科在中国沿海筹划设立的第一批灯塔，也是舟山最早建立的近代化灯塔，由英国人出资，从上海招来劳工建造，于 1870 年建成。此后灯塔也由英国管理。太平洋战争爆发后的 1943 年，日本接管了灯塔，国民政府曾派飞机轰炸，但损伤极轻微。1950 年灯塔被中国人民解放军占领。现归上海海事局宁波航标处管理。

花鸟山灯塔的塔身呈圆柱形，高 16.5 米，下部为白色，混凝土砖石结构，上部为黑色，材料主要是铁板。灯塔内部分四层楼面。塔顶为铜铸圆顶，装风向板。顶层使用巨大的玻璃作为墙体，安装有光源。其下一层有外置廊台，可凭栏远眺。灯塔周围还有无线电铁塔、发电房、机房、仓库、宿舍、码头等附属设施，整体占地约 2.2 万平方米，建筑和装饰均属欧式风格。

花鸟灯塔的导航方式非常齐全，有光波、电波和声波等，且不断更新，可为不同距离的船只提供不同的导航手段。据《中国沿海灯塔志》记载："该站建于同治九年，亦为海务科筹设灯塔计划中首先所选之一也。该灯塔设置之处，即具特殊优点，原为旋转镜机，每一分钟旋转一周，且用四芯灯头，燃以之外油，烛力三万八千枝。迨光绪二十五年改置十二加仑压油灯，并配以六芯灯头，烛力增为四万五千枝。民国五年，复改置头等镜机，旋转于水银浮槽之上，并装置煤气灯头，配以五十五公厘白炽纱罩，每十五秒钟闪光一次，烛力增至五十万枝。嗣于民国十七年，又将所用之微小纱罩三个撤销，而易以一百十公厘自燃式大纱罩一个，于是烛力增为七十四万枝矣。该站建筑异常坚固，自成立以迄宣统二年越四十载，始行大加修葺。同年并以海底电钟作为试验，其法即将电钟置于岛旁海底，而以海底电线策动使之发声。当时海务科且以数种海底信号交相试验，以其研究何者于海雾之际最为适用也。该站试用之电钟，凡设有无线电收音机之船只，均可闻及。所用海关巡轮之上无不装有收音机，故其所获效果，皆称圆满，惟吃水较深之船只，则以所驶航线非电钟声所及，遂致无徒利用。该项雾钟，曾经试用数载，结果虽佳，终以该项设置对于实际功用究属甚微，遂于民国二年予以撤销。顾当此时期，他种海底信号亦曾先后于佘山、大戢山、小龟山等站及扬子江口各灯船相继试验，迨民国十二年，花鸟山始增置头等地雅风雾笛一具，以资应用，而将旧有雾炮，即以撤销。该项雾笛，直径八时，系以十二马力引擎三架压缩空气以策动之，实为现代效用宏大之警务信号也。民国十八年，该站又复设置无线电桩，以作试验，效果特伟，航海人等无不交相称赞，遂于民国十九年正式成为航行标志矣。”

花鸟灯塔镜机

花鸟山灯塔集中体现了 19 世纪末世界上最先进的航标科技水平，并且随着科技的进步，不断更新，历来是中国沿海数百座灯塔中规模最大、功能最齐全、设备最先进、历史最悠久的一座，在世界上也位居前列，素有“远东第一灯塔”及“世界历史文物灯塔”之美誉。2001 年被国务院公布为第五批全国重点文物保护单位。

此后，随着航运的日益繁忙，舟山海域又陆续建立了许多灯塔。据当时任清海关副税务司班思德所著的《中国沿海灯塔志》（1933 年上海总税务司署印行）记载，舟山群岛在清末时期设立的灯塔很多，现保存较好的仍有 13 处之多，它们分别是：大戢山灯塔、唐脑山灯塔、鱼腥脑灯塔、大菜花山灯塔、花鸟山灯塔、白节山灯塔、半洋礁灯塔、下三星灯塔、小龟山灯塔、珞珈山灯塔、东亭山灯塔、马峙灯塔、太平山灯塔，它们分布在舟山海域四周，为往来舟山海域的船只导航。

舟山历史灯塔地理位置示意图

“东亭山灯塔，位于舟山群岛东约十浬地方，而在北鱼山之北偏东约六十浬，暴列海中，异常孤寂……该岛孤立海中，毫无屏障，周围水深二十余嘚，附近既无小岛与巍岩以资保护，而山之体积，又复微小，以故灯站四周，无处不为风涛所袭击，甚至海关巡轮输送物料之时，竟需停候数日，方得起卸，盖以该岛附近既无碇泊处所，巡轮不得不于普陀山或乌沙山二处暂行碇泊，以待风平浪静，再行乘机驶近该站焉。该岛南北两面各有码头一处，北码头暴露海滨，了无屏蔽，南码头适居涧口，波涛时临，故该二码头及其阶灯为巨浪摧毁，数见不鲜，而站中房屋被风吹损，亦时有所闻。”

东亭山灯塔

“半洋山灯塔，半洋山位于白节门之中，去白节山灯塔西北偏西约三浬…… 该塔镜机，是为六等。乃大沽口外曹妃甸灯塔拆卸之旧物，惟明灭发条机件，则为新制者耳。烛力原为一百四十枝，及民国二十一年，改置电石灯。每一分钟自动闪光四十次，烛力增为四百五十枝。此外该站并设有自动雾钟一个，每次天气阴暗或浓雾时，则因发条机器之推动即得继续自动发声，塔身非独为置灯之用，并作管理员寄宿之所，查海关所辖各处灯塔，兼作管理员宿舍之用者惟此一处而已。曩者该山之上，除灯塔及其月台外，并无其他区建筑物，迨光绪

半洋山灯塔鸟瞰

三十三年，始建厨房一所，洎民国二十一年，复增筑储藏室数楹，且因海水时加洗荡，故所有房屋，必须特别建筑方足以资抵御也。该塔系以上海陆家嘴海关材料处所制之混凝土块造成，外饰黑。”

以上两段文字出自《中国沿海灯塔志》。对于小戢山灯塔、佘山灯塔、唐脑灯塔等其余十几处灯塔，《中国沿海灯塔志》均有较详细的记载。

三、旧日灯塔人的艰辛

建筑这些灯塔是艰辛的，管理和守护好这些灯塔却更为艰辛。舟山的灯塔多建在毫无屏障的孤悬小岛上，这就意味着旧日灯塔工的生存环境很险恶，有些岛上尽是岩石，没有泥土，没有水源，灯塔工长年累月就住在灯塔内，靠吃雨水过日子，碰上天旱，补给船又因大风无法靠岸补给物资时，那就更辛苦了。有些灯塔地势低，遇上刮大风，浪花常常从岛的这边打到那边。灯塔工们只能紧闭铁门，守在灯塔内，一步也不敢走出去。

但最难挨的还是个人情感的寂寞及精神无所寄托，一座礁石，一座灯塔，一个人，一只船，一间屋，一盏灯，一群海鸟，灯塔人就这样日复一日年复一年地苦守。

“夫海岸之灯塔，犹海上之逻卒也。处境岑寂，与世隔绝，一灯孤悬，四周幽暗，海风挟势以狂吼，怒潮排空而袭击，时有船只覆没之惨，常闻舟子呼援之声，气象险恶，诚足以惊世而骇俗也……”这是《中国沿海灯塔志》对当时灯塔环境及灯塔工生存状况的真实记载。

结束语

一百多年过去了，舟山大部分历史灯塔仍较完整地保留着清末时期的建筑风貌，只是内部一些构件随着科技的进步在不断更新。部分更换下来的设备，如雾笛、镜机等，现仍保留着。这些灯塔设施，见证了西方近代工业文明的发展，对于研究中国乃至世界灯塔科技都有着重要意义。

普陀红旗村一块 90 年前的修路纪念碑

孙　峰

在普陀区东港街道红旗村的沙家湾桥，笔者近日发现一块修路纪念碑。该碑高 138 厘米，宽 66 厘米，立于舵岙河边。读其碑文，可以了解 90 年前该区域的道路建设情况，碑文提及一位出资者可能为舟山籍旅沪人士唐嘉鹏。该碑立于民国十八年（1929）六月，碑文如下：

舵岙大岭下□□刘家湾，□□为东乡往来之要道，中间经过大小河塘，□□倾圮，行路艰难，□夫修路。兹由唐嘉鹏善士独资兴修，自郑家庙至上屋碾子计百廿三丈，鰳鱼山嘴计廿丈，大河塘五十四丈，大登四十六丈，小河塘十七丈，大塘路至刘家湾□□二百有八丈，从此康庄四达，行人沾惠，是不可以不志也。

监修人□厚生谨勒

由于石碑年代久远，部分字迹斑驳难辨，且以“□”代替。

该纪念碑，原先藏于附近山麓的土地堂之中，近年修路，土地堂拆除，该石碑就被转移至沙家湾桥畔。

一、沙家湾桥，地处旧时舵岙的交通要道

古代从定海往沈家门方向，从临城的老碶头出来，走的是一条沿山古道。翻越张家岭，进入今山头黄村，过蒲岙村，翻越茶茶岭，经观碶头，至舵岙刘家湾村，然后过舵岙河，至大岭下，翻越大岭，就是沈家门。这条古道在清代道光年间的《定海县全图》中画得很清楚。图中“大岭”上方，标绘了两座小桥，其中右侧的一座小桥就是今沙家湾桥所在。沙家湾，当地村民又称“沙嘴湾”。

今沙家湾桥

舵岙河上的沙家湾桥，在古代其实是碶门，碶桥合一，可以行路，当地百姓称之为“史家碶头”。清康熙《定海县志》的《舵岙图》标绘为“史家碶”，该碶头处于龙头山麓，这座山也俗称“史家碶头山”。舵岙史家，据说是明末清初迁徙来居。史家碶至清末废弃，改建为桥。1957 年解放军修建公路，在此造桥，才始称“沙家湾桥”。

沙家湾桥的位置，几乎处于舵岙的中心地带，正如碑文所说的“东乡往来之要道”，附近有多条塘路。沙家湾桥向南经过塘路（旧称“史家塘”），就到“鰤鱼山嘴”（今普陀二中附近）；过鰤鱼山嘴向东，就是古代的郑家庙所在，过郑家庙，就登大岭上山。由沙家湾桥向西，沿山而行，就是刘家湾；沙家湾桥向东，可往碾子、山潭方向，向北则可以由徐家前往芦花，这些东南西北多条道路的修建，都是以“史家碶头”为中心的，从此“康庄四达，行人沾惠”。此石碑曾被放置在沙家湾桥附近的土地堂，这也是沙家湾桥的地理位置所决定的。

二、热心修路的舟山旅沪人士唐嘉鹏

根据这块石碑的记载，旧时史家碶头周边的塘路都是一个叫唐嘉鹏的善士独资修建的，修筑长度达四百多丈，在一公里以上，独资承担修路大任的唐嘉鹏想必是一位财力充沛的富商。

在舟山旅沪商人中，确有一位也叫唐嘉鹏的人士，他也曾经在定海修过路。据 1994 年编修的《定海县志》记载：民国二十一年（1932），旅沪商人唐嘉鹏出资改东大街为条石路面，长 500 米，宽 4 米，悬牌名唐嘉鹏路。当年唐嘉鹏热心捐资，为定海东大街铺设的石板、条石路面，至今仍有遗迹。同名同姓，这两位唐嘉鹏都热心于修路等公益活动，且前后修路时间也差不多，很有可能是同一个人。1933 年 7 月 12 日，当时的国民政府曾经发文，褒扬定海县捐资兴办乡镇公益事业的唐嘉鹏、周锦水，同意题颁匾额，以昭激励。其时，唐嘉鹏已经过世近一月矣。

那么这个唐嘉鹏是什么来头？此人是上海名噪一时的“荣记大世界”游乐场经理，也是上海滩青帮头子黄金荣的得意门生。

上海“大世界”建于 1917 年，占地 1.47 万平方米，地处市中心闹区，内设剧场、电影场、杂技场、跳舞厅、溜冰场、弹子房，以及中西餐厅等，是上海乃至全国最有名气的大型游乐场。上海人喜欢“轧闹猛”，“大世界”生意红火。因此“大世界”经理这个职位，是黄金荣手下众多门徒眼中的一块肥肉，这个肥缺最终是落到了唐嘉鹏的手里。当时上海滩有报纸评论他“任侠豪爽，慷慨好施”。后来也有一些传奇作品，说他“生性凶残”，还做过绑票生意，可谓褒贬不一。

身处十里洋场的唐嘉鹏，最后遇刺身亡，“唐嘉鹏被刺大案”曾是一起社会关注度极高的惊天大案。据舟山籍老报人杨志刚在《唐嘉鹏其人其事》一文中介绍：

“大世界”一开始是由上海著名商人黄楚九所创办，1931 年黄楚九病逝后由黄金荣接办，唐嘉鹏担任经理。由于内部争权夺利，曾任“大世界”包场的流氓律师许福保与唐发生纠葛，蓄意谋害唐嘉鹏，于是就雇用流氓王兴高一伙杀手，事先埋伏在“大世界”门口。待唐出门正要跨上私车时，王兴高一声喊打，接着一阵乱枪，唐身中数枪，倒在血泊之中，急送医院抢救无效丧命。案发时间是 1933 年 6 月 18 日早晨。

修路纪念碑

清代道光年间《定海县全图》中的“舵岙”

唐嘉鹏被刺案一时震撼上海滩，因此租界当局就全力侦查。不久，凶手王兴高被擒获，其供出主谋是当时上海赫赫有名的苏北帮头子顾竹轩，因而在上海各界掀起轩然大波。接着顾竹轩被捉拿归案，后此案由上海地方法院审理，结果判处王兴高死刑，顾竹轩 15 年徒刑。

关于唐嘉鹏被杀一案，各界纷纷扬扬，留下很多传说，有说是因为唐嘉鹏一开始投师顾竹轩，后来背离顾竹轩而转投黄金荣，因而遭顾竹轩的忌恨。也有传说，唐是由于得罪黄金荣，而被黄金荣“借刀杀人”。

在舟山被誉为“修路善士”，在上海滩却是青帮红人，历史人物往往总是扑朔迷离。

小洋楼里的爱心故事

孙　峰

乐家园，隐身于定海繁华闹市里的一座老宅，它是舟山市文物保护单位。寻访历史足迹，发现小洋楼的主人充满善意，谱写爱心，足以彰显家族文化的传承。这一座西式小洋楼，闪耀着“博爱”的光辉，也折射出定海花园式国际人文港城的魅力。

在定海繁华街区的东大街，有一条比较寂静的小弄——广生弄，一幢灰色的小洋楼矗立在狭隘的巷道边，显得十分瞩目。那座小洋楼，被称为“乐家园”。小洋楼的取名，颇有寓意：一是因为小洋楼的原主人姓乐，故称“乐家园”；还有一层意思是指“快乐的家园”。而今天这里是舟山市红十字会的一个慈善服务场所，有很多志愿者在为残疾人士提供无微不至的服务。那天去小楼寻访，正好看到一些青少年朋友在那里唱歌，美妙的音乐声飘扬在快乐的家园里。

一、小洋楼的原主人是乐俊廷夫妇

乐俊廷夫妇像（翻拍于乐家园客厅）

关于乐俊廷，宁波帮博物馆所编的《近代上海甬籍名人实录》是这样介绍的：浙江宁波人。曾任天利洋行烟叶部华经理，中和烟草股份有限公司董事长，光华商业储蓄银行董事。旧时定海县隶属于宁波，该书所述的“宁波人”，是一

乐家园

个大的地理概念，实际上，乐俊廷是定海人，他是一名代理经销外国烟草的商人，以烟草起家，同时兼营金融等多项实业，是一名颇有建树的实业家。

乐家在上海滩的创业，源于乐俊廷的父亲乐嗣来。乐家园大厅内，有一块题为《乐家园记》的碑，碑文简略介绍了乐嗣来的故事。如同三毛爷爷陈宗绪一样，晚清时期有很多定海贫寒子弟都怀揣着创业梦，去上海滩打拼。只身赴沪谋业的乐嗣来比较幸运，在上海遇到一位热心人士。乐嗣来在一位英国“女校长”家里做工。海岛人的勤劳朴实，让那位“女校长”对定海人充满了好感。而乐嗣来的儿子乐俊廷，又是一位聪颖好学的孩子，“女校长”便有心栽培他，把乐俊廷留在自己的学校里读书，接受良好的西式教育。《乐家园记》里说这家学校名“华同工学”，其实应该写作“华童公学”，这是当时上海租界非常著名的一所为华人开设的学校（即今晋元中学前身），学校由租界当局“工部局”主办，收费相对低廉。上海商界翘楚、定海商帮首领朱葆三曾担任华童公学的董事，胡适曾经在那里任教，唐弢等一批知名人士也是这所学校培养出来的。

华童公学的老校长，是康普先生。这位英国人在1904年华童公学创立伊始就担任教职，1906年时任校长，并长达三十年。他坚持有教无类思想，招收很多贫寒华人子弟。他循循善诱，在推广西式教育的同时，力劝学生注意国文，并劝勿改穿西装，深受中国教育界赞佩。《乐家园记》中提及的“女校长”，实际上很可能是指康普先生的夫人。

乐俊廷出生于1898年。1915年，十八岁的乐俊廷便开始了他在商界的职业生涯。先是到德商经营的一家进出口公司工作，从事外国香烟的代销。乐俊廷诚实守信且外语功底颇佳，凭借这两点优势，在上海商界脱颖而出，成为美资烟草公司的买办。他也是后来“上海市进出口商业同业公会”的代表人物。乐俊廷涉足的行业很多，他曾经先后经营多家企业，如乐华药房、维记牛奶厂、经纶毛巾厂、亿中烟草行等等，并投资商务印书馆、康乐食品公司等，致力于民族工业发展。

乐俊廷的夫人名刘文卿，镇海人，两人于1925年结婚，夫妻感情笃深。这幢“乐家园”小洋楼，就是后来乐俊廷特意为妻所建的。1938年，乐俊廷聘请外籍设计师设计，又从上海等地请来建筑师，从国外购置建筑材料，在定海东门广生弄建洋房一幢送给妻子。1949年乐俊廷迁居香港，1967年病逝于香港寓所。

这幢小洋楼在抗战时期被日本侵略军占据，作为电报局的用房。新中国成立以后，乐家园成为定海县人民政府的电报行政楼。

二、“乐家园”里的爱心故事

乐俊廷、刘文卿两人的婚礼，也有一段故事。

中华书局的《进德》季刊曾经刊文，介绍两人“一个简单的婚礼”。

《进德》季刊，是中华书局进德会主办的一本季刊。进德会，是中华书局同人创办的职工组织，而刘文卿可能是当时中华书局的一名员工，进德会的成员。

中华书局同人进德会会长，即中华书局总经理、著名出版家陆费逵先生，向来倡导“婚礼改良”。他倡议中华书局的新人们举办新式婚礼，不备筵席，以节省一切费用。乐刘两人结婚，便是响应了这一倡导。

乐俊廷的父亲乐嗣来向众亲友发请帖，并附启事说明改良婚礼的意思。录其原文如下：

中华民国十四年二月八日（阴历正月十六日）星期日下午二时为小儿俊廷与刘文卿女士举行结婚礼，恭请

礼观　　　　乐嗣来鞠躬

礼堂设在西藏路一品香大厅

中华书局同人进德会会长陆费逵先生在《进德》季刊上主张改良结婚礼节，废除一切繁文缛节，有程本海先生与胡素月女士首先实行，允为婚礼模范。俊廷文卿均甚表同情，故亦仿照实行。今定二月八日在一品香举行结婚礼，请陆费逵先生主席，届时谨备茶点以酬盛意。但不收礼物，亦不张筵席。非敢矫情，实以矫俗。请亲友诸君鉴谅。

乐俊廷、刘文卿谨启

1925年2月10日的《申报》介绍了这场新式婚礼的大致情况。并对两位新人做了简单介绍：乐君系浙江定海人，年二十八岁，现任宝丰洋行华经理。刘女士系镇海人，年二十，前在慕尔堂肄业。查相关史料，慕尔堂即中西女塾，这是一所美国传教士创办的学校，即今上海市三女中，这也是一所百年名校。

乐俊廷与刘文卿的婚礼，少了宴席上的吃吃喝喝，仅备茶点及余兴表演等，但是作为重头戏的演说环节，却是相当隆重。陆费逵亲自主席，他在演讲中说：今天乐刘二位先生举行这样简单的婚礼，是很大方的，很可庆贺的。近两月来，大家受战事影响，烦闷非常。今天我有此机会在这热闹场中又瞧着新人都是快乐的面容，我来替“乐”字做个新音注。乐字有三音三义：（1）今天结婚的人刚巧姓乐，足见是很快乐的；（2）书云“仁者乐山，智者乐水”；（3）今天会场，有中西的音乐声，是为了乐先生奏乐的。如此说来，岂不是很快乐的吗！陆费逵，这位中国出版业大咖，咬文嚼字式的即兴演说，也为会场增

添了不少乐趣。

戈朋云，是清末民初最受大众欢迎的演讲家之一。他也到场为新人祝福，并向新人赠送他的著作《国民教育之必要》，希望“新夫妇组织良好家庭，产生良好国民”。

这次婚礼，尽管乐俊廷夫妇事先声明不收礼金，但还是有少数亲友执意要馈赠。新人却之不恭，只得暂领盛情。事后新婚夫妇将礼金都转赠给慈善机构，以造福社会，也算替亲友们做了件好事。

乐俊廷夫妇经常从事慈善活动，为各类赈灾募捐出力。1935 年 3 月，乐俊廷夫妇向中国红十字会捐款，“寿仪移助洋五百元”。刘文卿可能献出的是自己的 30 岁生日礼金，中国红十字会特在《申报》上向这位大善士鸣谢。当年 4 月，时逢各省旱灾，刘文卿女士又捐洋五百元。这次是“三十初度筵资助振为亲友造福”，她不办生日宴席，而把钱捐给赈灾事业。那一年 10 月，刘文卿女士又捐助一千元，为各省水灾捐款。这一年里，乐俊廷夫妇为慈善事业忙个不停。

又据《乐家园记》介绍：乐俊廷先生爱国爱乡。1937 年“八一三”抗战中，乐俊廷和刘鸿生等企业家出资支援抗日部队。上海沦陷后，乐俊廷断然拒绝为日本人做事，为避免纠缠，他搬进法租界，保持了自己的清白气节。乐俊廷先生乐善好施，常常为贫苦民众施钱济物。

三、小洋楼里的爱心延续

乐俊廷育有三男三女。乐俊廷先生的小女儿乐秀丽，1933 年 10 月出生于上海，先后留学于英国、美国。丈夫廖行健曾在中华民国代总统李宗仁处供职，担任过新湖北日报社社长。20 世纪 60 年代，李宗仁在美国还参加了桂林老乡廖行健与乐秀丽的婚礼，后廖行健还为李宗仁先生回国多方联络、奔走。夫妻俩还曾于 1998 年与全国人大常委会副委员长程思远、吴阶平共同成立了程思远（中国—国际）肝炎研究基金会。乐秀丽育有二子，长子廖家杰、次子廖家俊均获取博士学位，并双双评为香港十大杰出青年。乐秀丽女士继承父母爱国爱乡遗愿，2006年12月将母亲先前赠予的定海东大街广生弄洋房命名为“乐家园”，转赠给舟山市红十字会，造福桑梓。

2008 年，舟山市有关部门投入 80 万元资金，把乐秀丽女士捐赠给市红十字会的这一栋“乐家园”小楼改建为舟山群岛渔农民流动医院（志愿者组织）院部，开设博爱心理工作室和博爱医疗诊室(社区卫生服务中心)，为困难群众提供长期、持续的服务，并向社会提供社区卫生服务和心理咨询疏导服务。乐秀丽女士特意到舟山出席舟山群岛渔农民流动医院开业仪式，她激动地说：“这幢房子是父母挚爱的见证，如今它变身诊所，用于兴办社会公益事业，造福家乡人民，我很高兴。”

2014 年 5 月，舟山市红十字残疾人小康·阳光庇护中心在乐家园揭牌，庇护中心为残疾人营造了一个温馨的家、一个快乐的家园。暖夕阳志愿者队伍，从 2016 年起和乐家园结对，每月一次为入托残疾人提供理发、量血压、心理关怀等志愿服务。乐家园不断闪烁着“博爱”的光芒，成为“爱的家园”。

具有 80 多年历史的乐家园，现已被列为舟山市文物保护单位，由主楼、侧屋、侧楼等组成院落，占地面积约 504 平方米，主楼为二层结构，面阔三间。乐家园的外墙全由青砖砌成，建筑周边也用青砖砌墙围护。高高的弧形青砖围墙，从外观上看犹如一个坚固的堡垒。园中还栽有古树名木沙朴一棵，这棵大树上的枝条上长满了翠绿的叶子，犹如一顶绿色巨伞，透出外墙，显得生机勃勃。

岱山剪刀头“圣路”石刻与海上交通试探

孙　峰

在岱山县岱西镇的剪刀头山脚东侧石壁，有一处石刻，阴刻“圣路”两字，为岱山县少见的古代摩崖石刻（《岱山县志》曾记载为明洪武年间）。该石壁高约0.7米，长约1.2米，浅黄色玄武岩，石刻字幅约0.15米见方，楷书，字迹工整，有魏碑遗风。由于岩壁曾遭受破坏，原有题款已佚。据第三次全国文物普查的相关记录，岱山文物普查人员曾询当地村民，原来石刻有“刘仁本”落款。刘仁本，为元末明初文人，在舟山群岛确实多有行迹，其在岱山活动也有相关史料。刘仁本在岱山题刻“圣路”两字，应该符合史实。笔者试探这“圣路”两字，颇有来历，显示岱山诸岛地处南北海上交通之要道，特别是在元代漕运中，岱山海岛具候风、经停、祈福诸多功能。

一、刘仁本曾在岱山陈将军庙祈福

岱山海岛，有一种特有的“陈稜信仰”，海岛有多处庙宇祭奉的海神是隋朝大将陈稜。其中有一座“陈将军庙”，又称岱山庙、陈大王庙，宋代端拱二年（989）始建，位于古老的岱山盐场附近，后历经迁建，现庙址位于高亭镇枫树社区枫树墩，称“镇英庙”。这座老庙来头不小，曾经还是一座被南宋朝廷敕封神灵的千年古庙。陈稜将军作为航海神被岱山百姓所供奉，元代官员刘仁本还到岱山古庙祭祀，有诗题“岱山陈将军庙”，为漕运海路祈福。

刘仁本，字德元，浙江天台人（一说黄岩人）。工书，善属文，为元代进士，授江浙行省左右司郎中。至正十四年（1354），方国珍统辖台温，刘仁本应聘为幕僚，辅助方国珍创立基业，并受命在庆元（今宁波）、定海（今宁波市镇海区）、奉化兴儒学，修上虞石塘，著有《海道漕运记》《羽庭集》等书。至正十六年（1356）三月，方国珍复降元廷，元廷授予方国珍海道漕运万户之职。至正二十一年（1361），元廷命方国珍海运漕粮，授刘仁本为枢密院副使，连续三年出没风涛，万里趋京，海运江淮之粟计三十余万石。

至正十六年九月底，刘仁本自钱塘江放舟至庙山，“值风阁浅且遇寇几不免”。庙山即今余姚临山镇，庙山地处杭州湾南岸、宁绍两府中心，背山面海，控扼海口，形势险要，历来为兵家必争之地。宋代设庙山寨屯兵，为海防要地。元代设庙山巡检司，明洪武二十年（1387）汤和曾设临山卫。在这一航程之中，刘仁本碰到大风，船舶搁浅在沙地之中，还差点遇到贼寇。晚上，刘仁本梦到一位神仙。这位大神穿着金甲，是一副武将打扮，他告诉刘仁本：“吾岱山之陈侯也，来迎护，尔须臾获济。”（《羽庭集》卷三）这位将军托梦，说自己是岱山的“陈侯”，是特地来保护刘大人的，你很快会脱险的。可能是潮水涨起，大风也消停了，船舶化险为夷，刘仁本获救。后来刘仁本乘船路过岱山，果然发现这一座陈将军庙非常雄伟，和自己梦中所见的神庙一般式样。刘仁本马上备下“牲醴”，也就是祭神用的牲口和甜酒，向这位“陈将军”表示感谢，并有题诗一首：

江回沙浅海舟胶，胥浪掀腾风怒号。
星斗光沉和月黑，蛟龙气吐值秋高。
赭山在望难回棹，黄帽相逢出佩刀。
恍忽惠徽神力佑，试来古庙奠牲醪。

诗歌中的“赭山”，是位于萧山的赭山。该山地处钱塘江南岸，以山石呈赭色而得名，为江海门户。黄帽，汉代水军以黄帽裹头，故泛指水军或船夫，这里应该是指遇到的海上盗船。获救以后的刘仁本，到岱山古庙来祭祀。这一桩灵异故事，出自刘仁本的笔下，或许是一种梦幻情景，但是故事背后，反映了元朝时期舟山群岛在南北航路的要冲地位，因为舟山是漕运粮船由宁波驶往北方的必经之地，故而刘仁本这位督漕总管，希望通过祭祀海神，来保佑海道平安。元末江南粮船自浙江宁波开洋，航行入直沽（今天津大沽口），行程几千里，海难频繁。刘仁本跑到岱山陈将军庙，祈求海运安全，其背景也即在于此。

刘仁本与舟山的缘分很深。

元代，普陀山出过第一本地方史志《普陀洛迦山传》，作者盛熙明就是刘仁本的好友。一种说法是，盛熙明南下浙江普陀山，与刘仁本所邀有关。《普陀洛迦山传》还收录刘仁本在普陀山所作的诗歌《普陀大士桥》。《普陀洛迦新志》记载了刘仁本的普陀山之行，说："至正乙未（至正十五年，1355）十月初六日，天台刘仁本督漕还。至普陀，见大士像于潮音洞，与人闲画帧者无异。又见大将军与罗汉身，于洞口石壁上。一时群众所见，又各不同。"据舟山市文史专家王自夫先生考证，刘仁本"督漕还"到普陀山，应是指他主持漕粮北运归来。他是为祈求海运安全而到普陀山。

二、岱西镇剪刀头的"圣路"石刻

古代的岱西镇剪刀头，濒临大海，刘仁本在那里题刻"圣路"两字，还是有一定讲究的。剪刀头东北侧为摇星浦，据《浙江省岱山县地名志》记载，古代这里也是一处港湾，常有船舶在此避风停泊，所以有"管船湾"的老地名。管船湾，也有可能是"官船湾"的谐音。因此元代刘仁本所率漕运之船，在剪刀头附近避风停泊，也是顺理成章。剪刀头北侧为榜网山，山上旧有淡水庙，该山为往来船舶补给淡水之处，附近捕鱼渔民多在此汲水、榜网。

今日之岱山岛，在古代实际上是由好几个岛屿组成。岛屿与岛屿之间，多为航道，相对比较安全，因此古代帆船多行经于岛屿之间。元代的岱山岛，主要有岱山、西岱山（亦称海西山，今岱山东沙镇茶前山至宫后山一带）两个大岛，中间隔一条南浦，为南北航运通道。古代日本商船来浙江，多经岱山南浦往金塘方向行驶，前往宁波。西岱山附近还有一些小岛，如两头洞、剪刀头山等。两头洞与剪刀头之间海域古代为“仇家门”航道，清代称为“售港门”或“求港门”。

刘仁本在剪刀头山麓题刻“圣路”两字，反映了两个史实。一是其所率船队曾经在剪刀头附近港湾（管船湾）停泊，才有时间题字，请人在石壁上镌刻，表明这里曾是南北航路的避风港。二是其所率船队为漕船，由宁波经金塘附近海域，至岱山剪刀头、栲网山（摇星浦）航道北上。“圣路”的“路”，不可能是指陆路，剪刀头为边远偏僻之小岛，当时居民较少，无修路之必要。刘仁本在《江浙行省兴复海道漕运记》中说漕粮“上达京师，以供天子之用”，其还有诗云“三四点星瞻北斗，几千里路到皇州”，因此“圣路”所指应为海路，这是去大都（今北京）的漕船途经之航路，可谓“朝圣”之路。

元末，刘仁本承办的漕运之船，由方国珍所在的庆元府（今宁波）船只担负，由宁波起航往江苏刘家港（今江苏太仓浏河镇）装送漕粮到大都。

岱西镇剪刀头的“圣路”石刻，见证了古代岱山诸岛是南北海路的避风港，剪刀头附近的管船湾是元代漕运的避风港。“圣路”石刻是岱山古代交通史的见证物，作为重要文物遗址，值得保护。

九龙藻井

庄和刚

法雨寺作为清代古建筑，于2006年5月25日被国务院批准列入第六批全国重点文物保护单位名单。2016年5月31日央视四台《国宝档案》专题播放了《普陀古韵——千里运来九龙殿》，讲述了中国建筑规格最高的寺院法雨寺九龙殿的故事。

图片来自网络

拍摄于2015年11月

据《普陀山志》记载，法雨寺俗称后寺，始建于明万历年间，初名“海潮庵”。明万历三十四年（1606）朝廷赐名为“护国镇海禅寺”。康熙三十八年（1699），经康熙帝赐帑金续建，拆金陵（今南京）明故宫移此，建圆通宝殿（九龙殿），专供观音佛像，御笔赐“天华法雨”和“法雨禅寺”匾额，遂改“镇海禅寺”为“法雨禅寺”，故说九龙殿是目前国内寺院建筑规格最高的一座佛殿。

“法雨”，佛教语，指佛陀所说的教法，如降甘露雨水，能滋润众生的菩提道业，就像雨能滋润草木。《大方广佛华严经》卷二：“普雨法雨润一切，是佛第一上方便。”《法华经·化城喻品》：“普雨大法雨，度无量众生”。《妙法莲花经·普门品》：“澍甘露法雨，灭除烦恼焰。诤讼经官处，怖畏军阵中。”当年康熙赐名“天华法雨”大概也源自佛教用语吧，表示康熙大帝皇恩浩荡、恩泽四海，皇家的恩德能够传播到每一个地方，能够让每一个人都能体会到，就连远在海岛的普陀山也有恩典普及。

拍摄于 2015 年 11 月

拍摄于 2015 年 11 月

当然不必再去揣摩皇上的恩典浩荡，但在“海天佛国”，你所见到的每一块碑刻、每一方匾额、每一对楹联都渗透着历史的沧桑与古人的智慧。

康熙三十八年三月，皇帝南巡到了杭州，接见法雨寺的住持，并且下发了“拆金陵旧殿以赐”的圣旨，从南京明朝宫殿中拆下 12 万张琉璃瓦送到普陀山。当时住持别庵性统和尚等历尽艰难，将南京明故宫琉璃瓦、九龙藻井等物运至法雨禅寺，建成了颇具皇家气派的九龙殿。法雨寺天王殿、玉佛殿、圆通殿、御碑殿、大雄宝殿、藏经阁等建筑依山取势，分群递升，宏大高远，气象超凡。殿中供高 6.6 米毗卢观音坐像，后壁大型海岛观音及善财五十三参群像。两边十八罗汉，殿外石栏间“二十四孝图 ”浮雕，所琢人物，神采奕奕，别具匠心，为明代石刻珍品。还有参天古树、黄琉璃瓦、九龙藻井、九龙照壁，堪称建筑史上一绝，成为名闻江南的一代名刹。不远处的千步金沙空旷舒坦，海浪声日夜轰鸣。北宋王安石曾赞之“树色秋擎书，钟声浪答回”。当年康有为在普陀山隐居时，携同夫人情游佛国，曾题联曰“锦屏临海浪，法雨飞天花”，赞美法雨寺的山海之胜。

拍摄于 2015 年 11 月

九龙殿 “宏制巧构，甲于东南”，殿中无梁无钉，堪称古建筑的一绝。而九龙殿内艺术价值极高、最具特色的，当数普陀三宝之一的“九龙藻井”，且还是明代留存下来的文物。

藻井就是一种高级天花板，是室内顶棚装饰，呈向上隆起的井状。藻井在古建筑中起到装饰作用，有着重要的功能。它既是地位的象征，又是文化的记录，更承载了中国人的思维方式和建筑观。九龙藻井现存于普陀山法雨禅寺圆通殿，即九龙殿顶部中间。藻井按古朴典雅的九龙戏珠图案雕刻而成，九条木雕金龙栩栩如生，气势不凡，一条龙盘顶，四周八条龙环八根垂柱昂首飞舞而下。八根金柱的柱基是精致的雕龙砖，正中悬吊一盏琉璃灯，宛若一颗明珠，组成“九龙戏珠”的立体图案，造型优美，刀法粗犷，古朴典雅，令人叹为观止。九龙藻井甚为珍贵，艺术价值极高。普陀山除了法雨寺九龙殿筑有九龙藻井外，普济寺、慧济寺等大的寺庵主殿顶部都筑有藻井，但规格没有法雨寺九龙殿高。据传，九龙藻井原是放在朱元璋金銮宝殿之中的，他曾经在此登基，故有九条金龙之说，所以其规格自然要比别的寺院藻井高了。

图片来自网络

法雨寺曾多次发生过火灾和海寇骚乱，造成无可估计的损失。而九龙藻井历经磨难，保留依然完好。正如普陀山法雨寺的楹联：“护我正法，一剑横空寒鬼胆；开兹方便，千花拥座仰佛光。”而今，法雨寺整体氛围比普济寺宁静，色彩以红黄为主，环境幽静，有禅房客堂，是修身养性的好地方。而寺中树影婆娑，梵音缭绕，更增添了一丝佛国静谧的感觉。

拍摄于 2015 年 11 月

拍摄于 2015 年 11 月

漫说当前一寺红，凌云楼阁两相同。
九龙殿已偕山老，五凤门尤对海雄。
佛古尚能施法雨，僧勤竟少出家风。
廊回栏绕疑无路，只听钟声打半空。

——清·金士奎《法雨寺》

“千柱落地”龙王宫

庄和刚

龙王宫是民间龙信仰的归宿。干礁龙王宫面朝灌门，人们因生长在渔村海边的缘故，见证过灌门翻船的惨难，从小便对“灌门龙王”充满恐惧感。因灌门的盘水有旋涡，船过灌门十分危险，民间有“老大好当，灌门难闯”的说法。每每听到灌门涛鸣如雷，必然会有大风大雨，心里涌起阵阵惊悚。也记得小时候去龙王宫，路面狭窄不宽敞，需要翻山越岭，时不时还被荆棘所刺，需要半天时间方可到达。而今道路通畅了，驱车沿定海西码头海堤路往东礇头前行约 1 公里，便可到现干礁东升社区胜丰村的大岙村山脚。再沿山路蜿蜒而行，经过一段海塘，看到竖有高高的电网塔架，向下步行约 100 米的山坳中，便是龙王宫所在。

环顾四周，龙王宫地处偏僻之地，三面环山，正面朝灌门。从建筑规模来看，也不是很大。以前为三间普通平房，近几年经过改造装饰后，处处有龙的绘图与雕塑，充满龙的元素。台阶中间，数条雕龙盘旋翻腾，煞为逼真。当中为大殿，左为三宫殿，右为三圣殿。大殿正中安放龙王雕像，手持令牌，是一座龙头人身像，两边是皇后与贵妃、龙太子与龙公主，典型而又奇特的佛道融合的民间庙宇信仰。建筑较为普通，色彩调配也不那么精致，甚至有点错乱浑浊之感，但龙的神气充分外露，使人微微体会到民间雕塑的厚重感。

灌门龙王宫，是历朝祭龙之地。龙信仰是舟山民间的群体信仰，舟山古时有农历六七月祭龙的习惯。祭祀时必是男女老少群体出动，祈愿这一年的“天时”好，让这个地方的人都能顺利地过一年。在舟山所有的龙王宫或龙王庙中，均可看见“风调雨顺”“国泰民安”的字眼。龙王宫中有龙王塑像，一般建在龙潭边或海边。据民国《定海县志》记载，舟山有龙王宫庙 60 余个，占当时舟山全部宫庙的 1/7。

灌门龙王信仰始于元朝，其形成与特殊的险恶地域和海潮急流有关。在元大德《昌国州图志》中，灌门是条艰险的海上航道，灌门被称为“蛟龙之窟”，这是记载中最早的舟山龙信仰。到了清朝康熙年间，《定海县志》中灌门的记载大致维持元代的原貌，但在行文中略有变化。如“灌门，在县东北，下有龙窟，土人名为干磯潭。有大石悬峙中流，屹然砥柱，望之如人拱立状，潮水回旋冲激若鼎沸，可畏。舟人俟晴日潮平，投物以杀其怒，方敢过此。风雨将发，涛鸣如雷，声闻百里。旱时具铁篆投之，雨随至。”与元代《昌国州图志》相比较，灌门龙潭的方位在清朝得到了明确的定位，即在今天的干磯。

清朝的《定海县志》记载，每年六月初一和春秋二仲日都要祭灌

门龙神，同治皇帝还敕封“昭应”，钦颁了一篇“德洋寰海，泽润苍生”云云的祭文。到了清光绪年间编纂的《定海厅志》中灌门龙潭的条款则原文抄录康熙志。在“祠庙”篇中有“龙王祠”，其文曰：“在天后宫东，每年六月初一日致祭，春秋二仲又合祭灌门、桃花、岑港龙神于祠内。”文中还载录了当时祭龙王的祭文：“维神德洋寰海，泽润苍生。允襄水土之平，经流顺轨；广济泉源之用，膏雨及时。绩奏安澜，占大川之利涉；功资育物，欣庶类之蕃昌。仰藉神庥，宜隆报享。谨遵祀典，式协良长。敬布几筵，肃陈牲币。”参看民国时期编纂的《定海县志》，仅寥寥一语：“龙王祠在南门外天后宫东，并合祀灌门、桃花、岑港龙神。”此志的条文中，并无增添新的内容。

综观从元至民国的方志记载，灌门龙王的信仰始于元代的龙与龙窟，清康熙年间转化为龙王或灌门龙神。灌门龙王信仰的形成有其特殊的险恶地域和海潮急流的特征，即“两潮屹乎中流有砥柱”，“水汇于此，旋涌若沸”，“风雨将作，声如雷霆惊百里”，故而人们“可畏”，以为“蛟龙三窟”。为此，古人形成独特的崇龙风俗：旱天求雨时，“具铁篆投之，雨随至”。船过灌门，行舟者必“浮以物杀其势”，或等待晴日潮平。这灌门龙王似乎还有预报风暴的功能，“风雨将发，涛鸣如雷，声闻百里”。

建造龙王宫还是王阳明向正德皇帝提出的要求。龙王宫建于明成化年间，不是民间兴建的，而是官府出资所建，带有官方性质。舟山民间流传着“千柱落地龙王宫，金毯银毯马岙桥”的说法。

王守仁（1472—1529），别号阳明。浙江绍兴府余姚县（今属宁波余姚）人，明代著名的思想家、文学家、哲学家和军事家，提倡“心学”，主致良知，宣扬知行合一，可谓“震霆启寐，烈耀破迷”（黄宗羲语）。而促成王阳明与龙王宫结缘的却是马岙平石岭人陶恭。陶恭（约 1451—1541）字肃之，从小好学，读尽祖先遗留的藏书，长益淬厉，书法则工楷、篆。虽文章精湛，却不合时宜，因而七试不第。他为人敦孝友，对待兄弟“先其所欲而后已”，与人交往“谦冲平易，久而不渝”。他考取贡生后，在江西新昌县当训导，又为南昌宁藩王府教授。在此期间，他结识了进士出身、文武双全的余姚人王守仁。陶恭辞归的第二年，王守仁也无故被削职，不久，就来游舟山，由陶恭陪同。

大概王阳明是从陶恭处了解到关于“灌门老龙”与“椗茨五蛟”的故事。定海灌门海域有一石柱，望去如人拱手而立，被称为“灌门龙王”。每年六月初一，人们在龙王跳一带遥祭龙王。遇到下雨，连避雨的地方也没有。岑港椗茨村东南有一座五蛟山，相传因五条蛟在此盘踞而得名。因为蛟能发洪水，洪水把山下的路冲成三丈宽、五丈多深的溪坑。过往的人因没有路，只好从岩石爬行而过，很不安全。也许陶恭说者无意，而王阳明却听者有心了。

明正德十四年（1519）发生了一起谋逆篡位的宗室叛乱。宗室宁王朱权玄孙朱宸濠，在南昌起兵叛乱称帝，反对武宗朱厚照，杀掉江西巡抚孙燧、按察司副使许逵，连下南昌、九江，包围安庆。时任右佥都御史巡抚南赣的王守仁，一夜之间调集了八万人马，乘叛军攻安庆之机，抄其后路，一举攻占了南昌。朱宸濠大惊，火速回救南昌。王守仁是有名望的人，叛军中的小头领有不少是他的学生，不愿开战。一时间叛军内乱，相互残杀。王守仁抓住时机，发起猛攻，朱宸濠兵败被擒，叛乱告平。

可正德皇帝朱厚照却自称“威武大将军朱寿”，摆起了“御驾亲征”的架势，领军南下。到南京时，得知朱宸濠已被王守仁抓获，他就下令，命王守仁到南京“献俘”，在南京导演了“正德皇帝擒藩王朱宸濠”的闹剧。他先令王守仁把朱宸濠释放，然后在阵阵擂鼓声中，又下令把朱宸濠逮住。这一闹剧引起大部分大臣的不满。正德帝见势不妙，立即召见王守仁说：“王爱卿休怒，朕有大赏。”王守仁说：“不必了，还是多关心一下百姓吧。”帝问：“百姓有何事，卿直说。”王就把他在舟山看到的事说了一番，其中讲到“龙王宫”和“五蛟桥”。正德帝信口就说：“传朕旨意，在灌门建千柱落地龙王宫，在椗莰架铜桩铁袢五蛟桥。”这就是说，正德皇帝的这道圣旨是王守仁逼出来的。关于王守仁擒朱宸濠和正德皇帝在南京演“正德皇帝擒朱宸濠”的闹剧，史书确有记载。而关于“龙王宫”和“五蛟桥”只是传说，史书无记载。

建“千柱落地”龙王宫，为何却造了三间平房？明正德皇帝下了圣旨，并拨了御款，可是直到正德皇帝驾崩，这“龙王宫”和“五蛟桥”还未见动作。百姓得知后，就到县衙去询问。原来朝廷拨下来建“宫”造“桥”的钱，被各级衙门层层贪污挪用，所剩无几。为了平息民愤，明州府不得不出资，在灌门建三间小平房作为龙王宫，在椗莰架一座小木桥为五蛟桥。不管传说是否真实，但有一点可以肯定，灌门龙王早在明朝时已经成了舟山龙信仰的象征，不愧“第一龙”之称。

在民间，灌门龙王有个拟人化的传说。明成化年间干礁有一个叫梁璋的人，父母去世后，以出租祖上留下的房屋过日子。他生活清淡，且助人为乐。后得道士点拨获法术神通，能撒米成蜂、掷土成鸟、唤鱼上岸、点水倒流等等。关于梁璋学道的事，明天启《舟山志》载：“梁璋，干礁山人，遇卖卦老人，出书付之，遂得其术。嘉靖初，旱，取犁铁煅红投水缸中，云合雨如注……”明嘉靖三年（1524），舟山大旱，农田龟裂，人们到处求菩萨、请龙王，可是老天爷就是不下雨。梁璋决定破“天机不可泄”例，要试试祈雨术。他在泉水潭边搭了祭台，用火炉煅犁铁，坐在祭台上作法。大约半个时辰后，他从炉中取煅红的犁铁，投入水潭，只听得“嗞嗞”声响，泉水立刻猛涨，随即天空乌云翻腾，大雨如注，下了整整两个时辰，旱情彻底解除了。人们都说梁璋是“上天的雨师下凡”。次年六月初一，梁璋在泉水潭沐浴更衣打坐，黄昏时仙逝。人们在入殓时发现，梁璋的手心有“灌门龙神”四个字，遂称梁璋为龙王爷，这个泉水潭被称为干䃁龙潭，潭水常年不干。遇到大旱，官吏率众来此祈雨，百姓们也会到龙潭来祭奠。据说，龙潭祈雨是有求必应的。梁璋去世不久，发现灌门海中有一石，高 3 米左右，屹于中流，如人拱手而应，其形如梁璋。人们联想到梁璋手心的字，证明梁璋就是“灌门龙神”，于是这石头就成为“灌门龙神”像。每年的六月初一，也就成了舟山很多地方祭祀龙王的日子。祭灌门龙神的习俗，在干䃁一带一直沿袭到民国后期。民间认为，灌门龙神是海上保护神，所以渔民出海捕鱼前，都要向灌门龙神朝拜，求平安丰收。龙王宫前还有一“龙泉和泰井”，该井涨潮时离海水不过 10 米，可井水始终清甜而不咸。有人说，这是与远处的干䃁龙潭相通的缘故。

舟山每一个地方的精彩都各不相同，但是，不管在什么地方，总能听到一些关于龙的传说，看到一些关于龙的痕迹。儿时，曾听长辈讲灌门龙王，民间把灌门龙王当成了东海龙王的化身，在灌门海边又有一个东海龙王宫，真是历史的巧合。正如大殿之外的圆柱上所题刻的大字：“千柱落地国安邦定子民康泰，龙王保佑风调雨顺国泰民安。”大概是百姓祈求风调雨顺国泰民安之心理吧！直至今日，干䃁附近区域村民仍趋之祭拜，无论出海捕鱼，还是有所祈求，必定是一拜观音、二拜龙王，去龙王宫祭拜成了约定俗成的民间习俗。

火烧“皋泄白鹤庙”

庄和刚

查阅《白泉镇志》有这样一段记载：“1939 年 6 月 24 日，日军火烧白鹤庙”，“抗日战争时期，不少寺庙失修或遭毁，规模宏大的皋泄白鹤庙，被日军焚烧殆尽”。

白鹤庙位于白泉镇皋泄村庙后庄。在庙正前有“白鹤庙”照壁，左边竖着一块“定海区区级文物保护单位白鹤庙”的碑。正门两边刻有“白鹤庙历史传记”和白鹤庙建筑介绍，分别是这么写的：

白鹤庙位于皋泄村庙后庄，始建于明朝，即思宗七年癸酉二月，至今已近四百年历史。在清乾隆十四年戊午二月时，古庙又进行了一次大修。到嘉庆八年，由当时庄、王、朱、袁四大姓弟子出资，于当年三月开始将白鹤庙进行重建，建成前有大殿，后有佛殿的二殿四檐新庙宇，并于翌年二月十九日正式建成开光。

二十世纪三十年代末，民国县

府曾在白鹤庙驻有模范队，并借偏房存放面粉等物资。民国二十八年己卯五月初八日，侵华日军下乡掠夺时，将白鹤庙全部烧毁。到民国三十一年时，皋泄弄口二村民众，再次发起重建白鹤庙，并参照原唐梓庙式样进行修建。由于资金不足，当时只修成五间大殿。到民国三十六年才续建了左右偏房和前排门房，并搭起一座戏台，于次年戊子九月初九日正式建成开光。

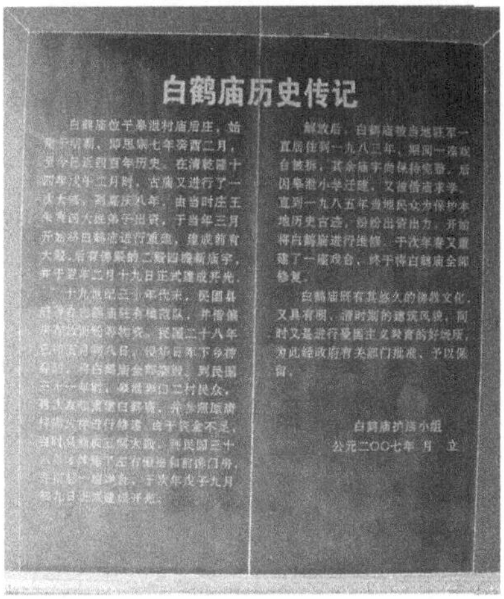

解放后，白鹤庙被当地驻军一直居住到一九八三年，期间一座戏台被拆，其余庙宇尚保持完整。后因皋泄小学迁建，又被借庙求学。直到一九八五年当地民众为保护本地历史古迹，纷纷出资出力，开始将白鹤庙进行维修。于次年春又重建了一座戏台，终于将白鹤庙全部修复。

白鹤庙既有其悠久的佛教文化，又具有明清时期的建筑风貌，同时又是进行爱国主义教育的好场所，为此经政府有关部门批准，予以保留。

白鹤庙护庙小组

公元二〇〇七年　月　立

白鹤庙始建于明崇祯年间。现存前殿、戏台、后殿及厢房等。单檐硬山顶。用桁八根，明间五架梁带前廊前单步后双步梁，戏台连接前殿明间，歇山顶式，戏台两侧各为通阔式的厢房。前殿有照壁，是保存较好、延续历史较长的古庙宇。1998 年 5 月被公布为区级文物保护单位。

据此，白鹤庙最早“建于明思宗（崇祯）七年（1634）癸酉二月”。至今将近四百年历史，

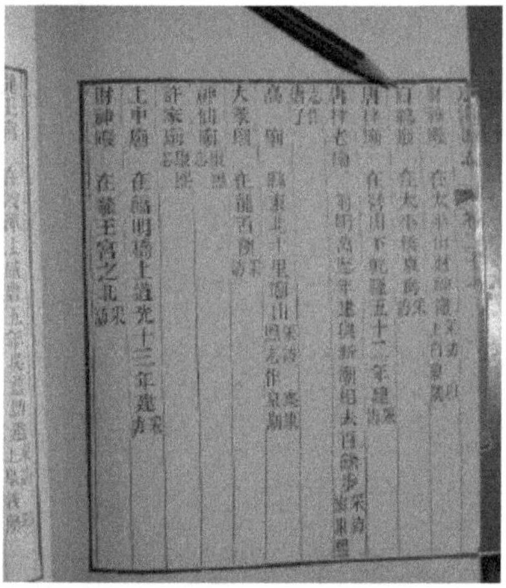

清乾隆、嘉庆年间几经修缮、重建。清光绪《定海厅志》卷廿七《祠庙》曾记载，“白鹤庙位于皋泄村的东皋岭下太平桥东南”。民国皋泄《王氏宗谱》跋有篇《东皋岭下小记》（王亦赋作）有文字表述，“从东南转而西为白鹤庙。庙侧有枫木一株，大可数十围，秋晚霜浓万叶齐醉，斜阳照之，烂然与霞锦争明”。

白鹤庙为崇祀东汉东阳人赵炳而设。据《后汉书·方术传》载，东汉时有东阳人赵炳，在兵荒马乱、疫病流行之际，以东流水为汤，以桑皮为药脯，为民除疫，所疗皆病除。赵去世后，乡人为其立祠，名为白鹤殿，又称灵康侯庙。北宋元丰年间，赵炳被宋神宗加封为“灵顺显佑广惠威烈王”。因赵炳最先被供奉于白鹤山，民间多称为白鹤大帝。浙东一带有很多白鹤庙，明清海禁展复后，舟山海岛居民大都是江浙陆上一带移民，他们移居海岛自然把“白鹤大帝”也请来了。除皋泄白鹤庙之外，舟山市的马岙、盐仓、小沙、岑港、金塘、桃花等也有以“白鹤”命名的庙宇。

“庙后庄”原为皋泄村的一个自然村，就在白鹤庙边，先民迁移至此，大概是以此庙作为坐标而取名的。

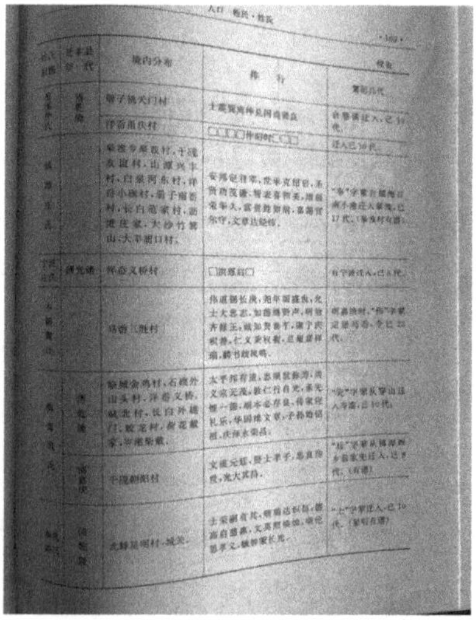

此自然村居住的人有庄、王、朱、袁四大姓，且以“庄”姓居多。据《定海县志》记载，皋泄乡皋泄村庄氏，“‘宰’字辈自镇海江南小港迁入，已 17 代”，其排行为“安邦定君宰，世承克绍启，圣贤功茂谦，智表喜和美，增福荣华久，富贵胜如前，嘉德宜尔守，文章达经纬”。

历史记载，白泉、皋泄第一次设乡级政权建置，是在 1930 年。据庄姓老人回忆，新中国成立前的皋泄村是当时乡公所所在地，白泉、皋泄一带的村民去定海县城需翻越东皋岭，途经庙后庄，当时的庙后庄有小店、肉铺、铁店、鞋店等，百姓日常生活所需的用品应有尽有，商业比较活跃。

日军进入前，国民党定海县县长苏本善组织的一支抗日队伍名为“国民党定海模范队”，活动于白泉皋泄一带，也曾驻扎在白鹤庙，并将模范队的一批公粮藏于皋泄白鹤庙的偏房内。据庄姓老人回忆，当时储存在庙里约有二三万斤稻谷，六七百袋面粉，其中一部分是乡公所储存的粮食。

史料记载，1939 年 6 月 23 日 3 时许，日本海军陆战队两个联队 1400 余人，在 5 架飞机、6 艘军舰掩护下，分三路同时登陆，一路在沈家门墩头上岸，占领沈家门镇；一路从螺头登陆，经晓峰岭扑入县城西门；一路从田螺峙附近上岸，越西溪岭，经小碶冲进东门，至 10 时许定海县城沦陷。

而城内的国民政府守军抗敌自卫团第一大队 300 余人未作抵抗，在县长苏本善率领下，国民党党政军人员撤离舟山岛，避至大榭和镇海穿山一带。日军占领定海后不久，即建立了由丁紫垣为会长的伪定海自治县，控制了定、沈两镇。

另据庄姓老人回忆，6 月 24 日，日军到各乡掠夺。其中一小队日军从定海县城来到皋泄村，村民到处躲避，店铺也无人看守，村里也有贪小便宜的村民前去抢店铺里的东西，村里乱糟糟的。日军来到庙前，当地一村民为保护粮食守在庙门口，不让日军进庙，被日本兵打成重伤。一个从蔡家岙（属潮面村）逃过来的儿童大概只有七八岁，正在抢小店里的面包吃，没有逃离，被日军用刺刀活活挑死。

日军进庙后，发现大批贮藏的粮食，

还有一些剩余的子弹和大刀，断定这里是抗日武装力量的驻地。日军便放了一把火，将稻谷、面粉，连带庙宇一起焚烧。可叹，有几百年历史的白鹤庙付之一炬。

日军火烧白鹤庙后，就到村庄原学校旁边的一个池塘里洗澡。据老人回忆，有个农妇，姓名记不得了，只知道是村里卖肉的姓朱俗称大头阿昌的媳妇，在池塘对面张蒲岙岗上（约距离 200 米）躲避，因她头上裹着一块白毛巾非常醒目，被一日军发现，误以为是游击队员，瞄准后撩起一枪，竟将她枪杀。

日军火烧白鹤庙，打伤一人，杀死两人，这便是皋泄白鹤庙“6·24惨案”，历史记载着日本鬼子的暴行。

被毁后的白鹤庙，又经过几次重修，史料也有记载。新中国成立后，在党的宗教政策下，1985 年当地民众为保护本地历史古迹，纷纷出资出力，将白鹤庙进行维修。1998 年 5 月白鹤庙被公布为定海区区级文物保护单位。白鹤庙最后一次修葺是 2007 年，新建了戏台，重塑了菩萨。目前，白鹤庙正门五大间，大门画有文武将官彩图，占地面积 1200 多平方米，建筑面积 700 多平方米。白鹤庙既有悠久的佛教文化，又保存明清时期的建筑风貌，同时记载着日本侵略者的暴行，已成为爱国主义教育的场所之一。

白泉王家与“协成里”的由来

任记国

在定海区白泉镇繁强村，有一个标志明显的“协成里”，其名源于此地的王协成宗祠。

王姓现为中国一大姓，与张姓不相上下。其源流十分复杂，据现传的《定海白泉王氏宗谱》所载，白泉王姓源自周文王第十五个儿子毕公高，祖上从山东迁入。明洪武十九年（1386），受“海禁”政策影响，居民被徙浙东、西各州县，其后少数于明中叶后陆续迁返。清顺治十三年（1656）又一次“海禁”，境内居民被驱迁，所剩无几，王姓祖先被迫迁往杭州。康熙二十二年（1683）十月舟山展复，王姓随之迁到定海城区，后又迁回白泉，家道渐兴，支脉广布，清中叶以后书香繁盛，成一方大族，传有家谱。据1996年出版的《白泉镇志》

图注：王协成宗祠

中1994年统计显示，全镇千人以上的大姓共七个，以王姓最多，占当时全镇总人口的15%。

王协成宗祠坐落于白泉镇万金湖社区。据王氏族人回忆，王协成宗祠建于约200年前，当时正为王氏最鼎盛之时。祖堂是由北行堂、南行堂和王协成宗祠三个院落组成完整的建筑群，总体坐西朝东，分布面积约2500平方米，呈“田”字形分布，唯左上角缺，行堂与宗祠中间以二重台门引导贯通的石铺巷道隔开。宗祠最早建成，两行堂顺次而立，相对较晚。考其得名由来，《王氏宗谱》无载，王氏亦无“协”“成”二字的排行，在当时有能力承担此规模建筑的王氏族人中亦无此有关的字号。据地方志等，或与家族开办的酒坊或染坊有关。白泉当地有悠久的酿酒历史，查南宋宝庆《昌国县志》叙“酒”中，当时舟山共有酒坊15座，其中有“白泉坊”。元代开征酒税。清中后期，有王家族人在白泉市镇中心的十字路附近另开办有“协成染坊”，沿袭数代。推测“协成”二字，含协力同心、鼎盛家族之意。

南行堂由正屋、左右厢房构成，正屋单檐硬山顶，上盖常见的小青瓦，正脊分为三段，中宫灰塑已不可见，两端形成蝎子尾造型。前檐滴水处采用双龙戏珠纹的瓦当。面阔三间带两端库头，进深八柱八檩带前廊。明间称为行堂，穿斗式梁架，左右墙木板隔间，青石板铺地，当地民间俗称“石铺明堂”，后金檩下置悬空神龛三格。前开三对六扇格扇门。左右次间木板前立面，右次间开四扇格扇窗，分内外两重，

图注：左图南行堂正间廊下侧视；中图南行堂看廊下细部；右图为北行堂正间与厢房相交处屋顶局部。三图都摄于2009年7月20日。

外重为蝙蝠形单体窗棄，二云耳斗状窗臼。左次间窗户已改成玻璃窗，左右库头前立面已改动。檐下柱头三踩斗拱上承月梁，柱下垫鼓形石柱础。廊下铺石板，左右两端开二进边门，与北行堂廊下贯通成一线。

左右厢房形制相近，皆单檐硬山顶，盖小青瓦，正脊分两段，东侧一段两端作蝎尾状，西侧一段正脊与正屋垂脊相交。通面阔三间，进深六柱六檩带前廊，穿斗式梁架，檐下用月梁，架于牛腿上。左厢房明间开四扇木板门，中间两扇前附二矮门。左右次间为砖砌白灰抹面墙裙，开两扇榫卯结构木板窗。右厢房明间前开两扇格扇门，左右各为两扇槛窗。左右厢房均无檐柱，正屋与左右厢房廊下相通，构成回廊，庭院平整铺青石板。

北行堂原亦为左右厢房与正屋构成的三合院落，三进房屋的构造和南行堂完全一致，仅有部分后期整修，替换为现代建筑材料，正屋明间后封护檐墙，正中开两扇木板门，与王协成宗祠构成前后二进院落。

王协成宗祠为正屋与左右厢房构成的三合院落。正屋面阔五间带两段库头，单檐硬山顶，盖小青瓦，正脊分为对称两段，正上有蔓草纹压脊砖，历经岁月，已有部分缺失。进深八柱八檩带前廊，明间内结构与行堂类同，后金檩下悬空置神龛，中间开小龛位。下接木板形成前后隔断，板间开两扇木板门，板后作用房，前立面开三关六扇格扇门；右次间、右梢间、右库头皆木板前立面。右次间、右梢间开双重四扇格扇窗。外重为素面蝙蝠形单体窗棄，二云耳斗状窗臼，檐下用月梁下，承以柱头三踩斗拱。鼓形石柱础，廊下铺石板。明间门楣正中悬“王协成宗祠”匾额，甲申年（2004）二月立。

宗祠左右厢房建造较晚，距今约40—50年时间。皆单檐硬山顶，盖小青瓦。左厢房正脊两端有简易吻，皆面阔三间，进深六柱六檩；左厢房明间木板前立面，开两扇玻璃窗门；仅左库头两扇格扇窗尚存。檐下用月梁，柱头三踩斗拱。右厢房改动较大，前立面与左右山墙均用水泥加固。庭院铺石板。

北行堂与南行堂中隔一条石板路，两侧有排水沟。石板路向外开有两重台门。最外一重，砖砌仿木构，檐檩下塑画卷形匾额，浮雕四幅人物故事，中为阳刻“紫气东来”四个大字。与二重台门之间设七级垂带踏跺。二重台门亦为砖砌仿木结构，单檐翘脊尾门首，门框部分石质，门柱与门宕间夹以对称的云耳纹石构件，门额等处有石灰浮雕花纹图样。

图注：王老伯站在田舍王王家大祖堂台门前，摄于2009年7月21日。

王协成宗祠建筑群由三个相对独立的院落组成，虽历经岁月浸染，仍气势不凡，一直为此处的一处显著地标。如今尚文崇古之风渐兴，如何更好保护历史建筑，善加维护，扩大其历史影响，值得探索。

另外，白泉王氏宗族人口众多，支脉广布，除王协成宗祠外，附近尚建有田舍王王家大祖堂和田中央王家祖堂，这批古建筑群共同成为白泉王家悠长历史的见证。

柴家走马楼

阿　能

图为柴家走马楼（阿能摄）

普陀展茅，不仅有着优美的自然景色，还“隐藏”着一些颇具特色的民居建筑，柴家村柴家走马楼便是其中典范。走马楼，俗指四周都有走廊可通行的楼屋，这是我国南方民居建筑的一种特有的形式组合，其特点是数十间或上百间房屋连在一起，封闭性强，安全性能好。柴家走马楼全为木质结构，其建筑风貌古朴典雅，是舟山古民居中规模较大的“徽式”老宅，又称“24 间走马楼”。1999 年 8 月，柴家走马楼被普陀区人民政府列入区级文物保护单位，后被列入市级文物保护单位。

一、柴家走马楼的建筑形式和风貌

笔者第一次走访“柴家走马楼”是在 2002 年底，这一年，当地政府投入资金维修了这座古建筑。时光荏苒，2012 年，笔者再次走访“柴家走马楼”。从定海乘公交车到普陀展茅镇柴家村，下车后向村民打听到走马楼方位，从左手边的小路拐进一条老石头铺成的巷子，就直往柴家走马楼。位于四周鳞次栉比的小楼之间的走马楼，像一位阅历丰富的老人，沉默而沧桑。走进这座带着古旧韵味的江南古典旧宅，就像走进了一段尘封的记忆。一座内部呈围廊式的建筑瞬间将人拉到久远的过去，院落幽静得似乎都不曾有人来过。

柴家走马楼是一座长方形、意为多聚财的“四水归堂”式四合院，被一道高高的风火墙隔成前后两个院落，宅居结构为多进院落式集居形式，依山面水（当时面前肯定没有其他民居阻挡），山峦为溪水骨架，溪水是村落血脉。布局以中轴线对称分列，中为厅堂，两侧为室，厅堂前方为天井，采光通风，院落相套，造就出纵深自足型家族生存空间。

图为柴家走马楼台门（阿能摄）

民居外观美感很强，高墙封闭，马头翘角，墙线错落有致，黑瓦白墙，色彩典雅大方。宅居青砖门罩，砖雕漏窗，木雕楹柱的“三雕”与建筑物融为一体。它以青山绿水、白墙黛瓦为典型特征，以砖雕、木雕、石雕为装饰特色，以高宅、深井、大厅为居家特点，集聚了尊重自然山水大环境、富于美感的外观整体性、较灵活的多进院落式布局和精美的细部装饰四大特点。

柴家走马楼青砖黛瓦，高墙深院，古朴庄重，占地面积为1800平方米，建筑面积为2200平方米，有两层木结构楼房60余间，是舟山现存古民居中建筑年代较早、规模浩大且雕工精致的清代民居建筑典型，迄今已有300多年历史了。该宅坐西朝东，意为“紫气东来”，纵轴线上依次有遮风楼、穿堂楼、台门和祖堂楼，左右为厢房楼，组成一个较大的四合院，并以台门为横轴线，用隔火墙把四合院分成前后两院。三山式台门高大飞檐，正中有“柴”字砖顶饰。前楼和主楼屋脊中央分别有“八卦”和“人物”砖雕的“坐脊花”，也就是舟山人所谓的“屋将军”。“八卦”屋将军，代表天、地、雷、风、山、泽、水、火八种基本物象。房脊正中的“人物”屋将军，据说是中国历史上享有盛名的政治家、军事家和谋略家姜太公。左右两边拉着线的小人，一个叫东拉，一个叫西扯，他们是保驾将军，是姜太公的小舅子，实际是不让姜太公乱说乱动的。遮楼与穿堂间为天井，南楼设正门，外为通道，呈直角，两边用石块砌成围墙。

四合院内道地（天井）地面用四角平整、规整的花岗石板错缝铺设。从风水角度，经商之人，以积聚为本，总怕财源外流，因而造就“天井”，使天降雨露、财气，落到房顶之后，不至于流到别人地上，而是四方八面，汇集于“天井”，然后顺着水枧，流入屋内下水道，是古时徽州人“肥水不外流”的“四水归堂”式设计。楼下的天井是家人聚会的地方，逢年过节请戏班演戏，在走廊上就可以看戏。

整座住宅均为楼房，穿斗式，用桁，重檐硬山顶，所有廊柱上设三踩斗拱承挑尖梁和廊坊。

老宅 24 间房堂室相通，廊庑环合，楼与楼间的转角联结处设四部楼梯，使楼与楼相通，房外的走廊均用重檐遮挡并连通，形成一个“回”字，整幢建筑浑然一体，在楼群中行走时，不会让人淋上雨。屋面均为小青瓦，重檐硬山顶。挑尖梁、门窗、雀替等一些构件饰有花草龙纹，雕刻精美细致，古朴大方。

图为房脊正中的“人物”屋将军（阿能摄）

舟山的古民居大屋最明显的特点是“细砖赤瓦马头墙，游廊挂落花格窗”，雕花格窗是江南古民居建筑中一个形态优美的符号。木槅门扇扇花格镂空，有纵横格、屈曲格，中间有“小桥、流水、人家”等山水自然风光雕饰。院内游廊挂落花格之窗，花格有纵横格、屈曲

图为走马楼木槅门扇（阿能摄）

格和欹斜格的，好生气派。四扇蝙蝠饰花格砖“福”牖，镶嵌在前楼与遮楼间小花园两侧的女墙上，雕镂极为精细，外涂青铜色（色已斑驳），但秀而藏幽，幽而透明，真真古朴可爱，犹似一幅韵味深邃的图画，与古朴的墙门、院落、假山、翠竹、花草融为一体，相得益彰。精美的砖雕向人们娓娓诉说着走马楼曾有的气派。

二、柴家走马楼的建造年代估测

柴姓是源于中原的古老姓氏之一，源自姜姓高氏分支，传至今已2500余年。据柴氏宗谱和有关资料记载，柴家始祖柴应华，明朝万历年间从宁波鄞县柴家村迁移至展茅双岭岗山脚下，看中了展茅双岭岗山脚下的这块风水宝地，开始靠种田打工，繁衍生息。

走马楼系柴家第三代人柴茂宰于清康熙三十九年（1700）时开始动工兴建。朝东方向一进先建，过几年又造了一进，才形成类似北京四合院的结构。

另据《展茅镇志》和《柴氏家谱》记载，走马楼是清乾隆二十五年（1760）建。又据柴家后代说，这座老宅的前后二进房子是在不同的太公手上造起来的。

图为走马楼蝙蝠饰花格砖“福”牖（阿能摄）

据史料记载和家谱估测，清康熙三十九年和乾隆二十五年都是庚辰年，《柴氏家谱》记载的“庚辰年”，应该是指清乾隆二十五年，这次建屋应是扩建，与前一次建屋时间相差正好一甲子，按30年一代人估算，也就是从第三代到第五代，与传说中的时间相符。乾隆二十五年的这次扩建，应该说规模大大超过前一次。乾隆四十五年（1780）又扩建一次，才形成现在大院楼占地总面积9.15亩（6103平方米）的规模。

柴家没有富裕的家境，近代也未曾出过高官巨贾之类的先人，关于柴家为何发迹，如今无人能说得清，坊间更是说法不一。至于那次造楼巨款来自何方，就不知道来龙去脉了。与史实说法相印证的只有一个柴家发迹的传说：“传到柴家第五代时，有日照和日焕两兄弟，兄弟俩渡海到桃花、朱家尖等地替人做帮工。乾隆二十五年的一天，日照到‘下山’（渔村里）帮工垦荒时，挖到了一个坛子，打开一看，里面是金灿灿的金子。日照瞒着兄弟，把坛子里的金子分装到两个小坛里，再用买来的咸下饭‘乌贼膘肠’覆盖在上面，神不知鬼不觉地挑回家。几年后，日照的儿子、国子监生思韶已到成婚年龄，日照寻思着要造房迎亲。一些族人提议思韶是柴家从清代的最高学府走出来的第一个国子监生，再说思韶要迎娶的妻子出身于富裕之家，造房子自然要造得气派一些，才能门当户对。于是，日照造楼安堂，大启栋宇，拓业宏图，原本想造平房的打算也就变成了造靠东的那6幢12间楼屋。而后随着子孙的繁衍，20年后（1780），思韶在旁边又造起了6幢12间楼屋，加上外围的遮风楼，共60多间。”

三、昔日的走马楼曾风光无限

传说柴家走马楼祖堂建成时，恰逢柴茂宰五十大寿，柴茂宰请来书画名家，号淡如、景阳氏的秀山北浦厉家人厉姓水先生题写祖堂“茂林堂”匾额，“柴”从“茂林”，“茂林”则能成阴，福荫子孙。匾右上方有“庚辰辛月之吉”匾头，左下方“厉姓水书”落款，两颗方章“淡如”“厉姓水书”。但据《柴氏家谱》记载，7间祖堂（楼）是乾隆年间落成的。笔者认为这个“庚辰年”，应该是清嘉庆二十五年（1820），

“辛月”是指四月。一是柴茂宰在康熙年间建房和祖堂，可以题有堂匾，但不可能去请相隔好几代的晚清书法家厉姓水题匾，因为厉姓水在当时尚未出世；二是120年后的清嘉庆二十五年，柴茂宰早已过世；三是清乾隆二十五年，也不可能是厉姓水题匾，因为厉姓水还未出世，他是厉家五大房中的厉得龙之子，是厉志（1783—1843）的侄辈，从小跟厉志习有泼墨成画之技，中年后书法大进，喜好游览山水，泼墨题词。所以，厉姓水是在清嘉庆二十五年四月为柴家重新题“茂林堂”匾额的。

清道光二十二年（1842）八月，大院中曾出过一名浙江分试第十八名的武举人柴懋三亚魁，35岁的柴懋三去省城杭州参加三年一次的乡试，最终中举。族人将“亚魁”匾额高悬大门上，以示光宗耀祖，举人老爷至今还留下来一个100多公斤重练武的“武石”（武状元的练武石有重220斤、280斤、320斤、360斤的说法）。“走马楼”里还办起了私塾，供柴家及邻居子弟读书，最旺时走马楼内有40多户人家共150多人，这是柴家大院鼎盛风光的时期。

笔者曾在定海中大街“博古雅园”看到一块正反两面刻有“知音阁”和道光年款“翠竹楼”、中间有四根插档的柳桉木双面牌匾，这是2011年3月在柴家遮风楼后的一菜地里发现的。“知音阁”牌匾要远远早于道光元年。据笔者推算，“知音阁”牌匾应该是国子监生思韶所用，是清乾隆四十五年后的事。当时，柴思韶又造起了6幢12间楼屋和外围的遮风楼，题隶书三字“知音阁”，与一些文人雅士“高山流水遇知音”，常聚在一起品茗谈志，尽显文人之儒风。“翠竹楼”右边刻有“道光年□月题匾”，左边为“叶明昌书”，下有一方“明昌书画”印章。道光元年（1821），不可能是武举人柴懋三所为，因为柴懋三当时只有16岁，他中举也是20多年后的事了，笔者认为还是年迈的柴思韶所为。时思韶年届耄耋，“知音”大多生老

图为祖堂“茂林堂”匾额（阿能摄）

病死，故人尽散，每天唯有自己一人默默守候着花园中的“万杆翠竹”。因而有可能取“高山流水遇知音，万杆翠竹谁与共”之意，改“知音阁”为“翠竹楼”。

图为“亚魁”匾额（阿能摄）

走马楼也曾“邪火入魔”。那是在 1950 年 4 月上旬，柴家走马楼的空屋都被退居舟山的国民党某军二二八团占用了，楼上还作了团部。官进兵出，弄枪舞刀，鸡犬不宁，吓得柴家老小个个不敢吭声。国民党军的官兵在走马楼里折腾了一个多月后，在 1950 年 5 月 15 日晚上，连夜“悄不言声”地撤离了舟山。自此，走马楼复归平静……

柴家走马楼后来住过“上山下乡”的知识青年，还住过“外乡人”，如今只剩下几户柴家“老成人”了。走马楼里在前几年还办起了一家有 1200 多册图书的农家书屋，一周开放 5 天，由柴家后代柴国定管理，多少也给柴家老宅增添了人气。

在 2005 年 1 月，一场大火将“走马楼”东边出租的 7 间遮风楼房子烧毁殆尽。笔者这次回访，只见“高山流水知音阁，双岭岗前翠竹楼”的遮风楼遗址上墙垣倾圮，梁柱炭焦，满目萧索，只有女墙上搁着的枋梁龙首未过火，还有墙脚旮旯开着好几朵无名的野草花。

如今，经历了 300 多年风风雨雨的柴家走马楼行朽的木窗、皲裂

图为“翠竹楼”匾额（阿能摄）

的房梁，还有斑驳的院墙，已是千疮百孔、风雨飘摇，走马楼里只剩下了几户人家，显出一片萧条之景，但其宏伟的身姿、廊楼相连的格局和那些精美的雕刻艺术，依然保持了很好的原貌，至今仍具科学和艺术的价值。比起现今一些拙劣的仿古建筑，柴家走马楼更容易让人感受到历史的真实，还在向人们诉说着发生在走马楼里的奇闻轶事。

图为烧毁的遮风楼残部（阿能摄）

定海东岳宫

阿　能

定海城三面环山，南临大海，北依龙峰山，东有青垒头山，西有晓峰岭、竹山门，正南石灰道头旁是160多年前舟山军民与英国侵略军浴血奋战的古战场，山上有座东岳宫，是定海道教活动场所之一。山下路，西为人民南路，东沿山至东岳宫山腰，长100米，宽2—3.5米；山上路，南北走向，由山顶北端至南端，长50米，宽2.5米；茂生店弄，在东岳宫山东侧，南北走向，南起石灰道头，北至环城南路，长200米，宽3米，因弄内曾开设茂生商店而得名。

一、体现舟山历史文化之东岳宫山

东岳宫山旧名大椎山，因“东南第一关”的题坊而改名关山。关山上北宋元符三年（1100）四月建有东岳宫，因此又被叫作东岳山。

元大德《昌国州图志》载：“大椎山，即州治照山，俨若屏障在前，四望其形若一。州民卜居者，面此为风水。”怪不得东岳山像定海古城一堵巨大的照壁。《定海区地名志》载：“东岳山孤丘，南北长330米，东西宽130米，呈长卵形，海拔32.5米，山背平缓，侧坡略陡，西麓有陡崖……”又据清光绪《定海厅志》载：“关山，城南两里，园峰耸峙，为城之内案。上有洋山庙、关山烽堠。明代设舟山关，隆庆元年，把总李诚立坊题‘东南第一关’。亦名大椎山。”定海城南向一山把关，意在固若金汤。记得“文革”中，东岳宫山曾被冠以“东风山”之名，现又恢复为东岳宫山。

20世纪70年代初我曾多次去东岳宫山上高中同学家玩（其父在航保处，时东岳宫已被改作航保处家属宿舍），上东岳宫山经粮店（八闽会馆旧址）和天后宫旧址有一条小小的石蛋路，路旁的石崖上有摩崖石刻数款，其中有赵秋舫题“海邦灵岳”和厉树雄题“万山罗拜”。赵秋舫，邑人，同治、光绪年间著名士绅。据古籍《浙定体仁局征信录》记载：赵锦堂，字秋舫，曾于清同治十三年（1874）至光绪三年（1877）间，担任定海体仁局司年总。定海体仁局，是清同治、光绪时期定海的一所专事绅商停梓安葬之事的民间慈善机构。是书称，赵等办事公正，不避劳苦，认真管理局中事务，为众人所信赖。厉树雄（1891—1987），定海秀山岛北浦人。18岁时在上海房地产业初显身手，兴建上海第一座公寓大楼——厉氏大厦，创办实业涉足于纺织业、公用事业、保险业、证券业、房地产业等，其中致力最勤的是纺织业。曾创办宁波和丰纱厂、上海毛绒厂、信和纺织厂、上海大陆信托公司、上海浦东纶昌纱厂、宁波四明电话公司、永耀电力公司、绍兴文明电气公司等。20世纪40年代后期，厉树雄赴香港从事纺织、印染和整理业务。1951—1960年，曾侨居旧金山。1960年回港，继续主持信昌机器工程公司，1966年退休。

登数十级石阶上山，在信号台前可一览定海港全景。2007年8月，笔者曾又一次去东岳宫山，东岳宫的“戏台”已拆建成小屋住人。前几年也曾去过东岳宫山山顶，参观了南端古炮台遗址，还观看了烟火表演。

据资料介绍，东岳宫祭祀泰山（伏羲）大帝。一说东岳大帝原来叫泰山山神，简称泰山神，因虔诚修炼，被封为泰山王，后来进一步修炼，成为东岳帝君。东岳大帝也叫天齐王、仁圣天齐王、天齐仁圣帝、天齐大生仁圣帝，传说就是伏羲氏。宋真宗封禅泰山时，定东岳大帝的生日为农历三月廿八日。又说宫内供奉的是《封神榜》里的黄飞虎，这个骑五色神牛的黄飞虎原为纣王大将，骁勇善战，后因其妻贾夫人因纣王而死，故转投武王参加伐纣，率周军出战，后战死于渑池，封号为东岳大帝（镇守东岳泰山之神）。百姓尊敬他赤胆忠心，义薄云天，神勇过人，有能力保护老百姓。

占地面积约 1000 平方米的东岳宫在清咸丰九年（1859）重修，清同治六年（1867）又建，已形成相当规模。东岳宫所祀的东岳大帝为掌管人间生死的道教泰山神黄飞虎，每逢农历三月半东岳大帝生辰的日子，定海城乡就会举行规模盛大的“东岳会”，东岳宫晨钟暮鼓，绅缙庶黎，往拜不绝。清人有诗咏之：“四海屏风九叠环，当门颜色爱烟寰。道头几日占风脚，此是东南第一关。”

民国《定海县志·风俗》载：“东岳会俗得之‘三月半’，间数岁行之。先于初十日预赛，谓之‘迎袍’，至十三、十四、十五三日则为正赛，雨则延至十六日或十七日……赛会之时舁东岳及五灵官木像出外游行，导以仪仗、彩亭、抬阁、龙灯、高跷，争奇斗胜。迷信者或沿途仆仆礼拜，或饰为囚犯著红衣者曰红犯，著青衣者曰青犯，或裸露上体，陷勾于肩下悬香炉，曰肉身灯，以媚神邀福，奇形怪状不可偻指，通宵达旦，灯烛辉煌，观者途塞。”

二、硝烟弥漫震远炮台

东岳宫山是海防重地，形势险要，明时设烽火墩于此，清初在此设定海关。第一次鸦片战争中，清军在定海设置水师镇，辖有兵勇 2800 人，城东南筑有关山炮台一座，配备火炮 8 门。1840 年 7 月，“已归大海心何负，未斩长鲸死不休”的定海总兵张朝发调城外各营水师，和署理右营守备林正阳在东岳宫阻击英军首次入侵。7 月 4 日，英军驶抵定海水域，7 月 5 日下午二时，英舰发起进攻。清军水师奋起抵抗。由于英军舰大炮多，射程较远，清军船小炮少，射程又近，交战不久，清军水师损失严重，只得向镇海方向退却。英军在舰炮掩护下登陆，攻占东岳宫山炮台，并彻夜炮轰定海县城。6 日凌晨，英军攻破东门，定海知县姚怀祥出北门投水自尽，守城兵勇溃散，定海遂告失陷。

清道光二十一年（1841），定海总兵葛云飞经两江总督、钦差大臣裕谦同意从小竹山至城东青垒头，修筑土城一道，长达1430余丈。关山是东南沿海最要紧的军事要塞，失关山即失舟山，失舟山则东南沿海不保。葛云飞又在东岳宫山上筑镇远城，镇远城周长为131丈，高1—1.5米，内设震远炮台。9月，英军第二次侵犯定海，总兵葛云飞、郑国鸿、王锡朋等率领守军英勇抵抗。10月1日竹山门失守，敌人乘虚而入。英军第十八团带着两门轻炮，再沿土城东犯，很快进入关山炮台南端，与停泊在东洋港浦的战船和五奎山上的炮队三面夹攻震远炮台，成直逼葛云飞守军之势。葛云飞所部200余人痛击来敌，最后，葛云飞被枪弹射中左眼和胸膛，鲜血淋漓，坠崖以身殉国。

在东岳宫山东侧还有英军墓，俗称“红毛坟”。清道光二十一年建，墓碑刻英皇家五十五团伍长及军鼓手13名、士兵403名葬此。

同治十三年（1874），法国侵略军攻台湾，沿海戒严。是年7月，定海厅同知陈乃瀚奉命加修东岳宫山震远炮台，重建五奎山保定地台，新建莫家山克敌炮台、獭山奋武炮台、东港浦德威炮台（青垒山旧炮台移建）。光绪元年（1875）七月竣工。配洋炮16门，分上、下两炮台。上地台第一、二、三、四自封锁大、小岠山海面，第五、六、七、八门直击竹山门，下炮台第一、二、三门直击竹山门，第四、五门封锁道头港海面，第六、七、八直击吉祥门。

据史料记载，抗日战争中，1939年2月5日中午，3艘日舰突然窜入定海港内，用小艇登岸未逞后，就疯狂地用军舰炮击定海东岳宫一带，炮轰一直持续到翌日早晨，计发炮弹30发。庙祝翁阿四当即被炸死，血肉模糊，惨不忍睹。码头旁春菜馆一带被炸为废墟。16日下午，又有日军第四号军舰1艘，在定海港内骚扰民船，至次日上午向岸上开炮20余发，高显庙东部、东岳宫太岁殿和老街头同兴南货店及杨家塘、胡家桥等处房屋被炸毁30余间，弹片击伤居民王小满和朱杜法之妻及南货店伙计多人。

定海古城墙考略

阿　能

中国人对城墙一般都不会陌生，假如你游览过长城、北京的紫禁城、南京的台城、苏州的盘门、嘉峪关的关城、蓬莱的水城后，会由此而产生一种民族自豪感、自信心。中国式的城墙，或蜿蜒山顶，或临踞水际，或横亘沙漠，或穿越平莽，并都以久历沧桑的遒劲姿态，无声地向后人展示了中华民族五千年来不朽的辉煌业绩。其中长城不但是许多重大历史事件的见证和参与者，还成为华夏文化的代表和中华民族的象征。中国城墙的历史十分悠久，它的内涵也极为丰富。城墙，是一种具有一定的厚度与高度、由土或砖石筑砌的刚性实体。它处于城市或建筑组群的周围，起着分割空间、阻隔内外的作用。还有最主要的作用，是它的对外防御性。由于古代战争中的进攻手段一直相当原始，因此城墙这种并不十分先进的防御构筑物，在我国竟然沿用到封建社会末期。舟山虽孤悬于东海汪洋之中，但定海的古城垣已有1200多年的历史了，文化底蕴深厚，是有独特海岛风韵的历史文物。

一、唐代：置翁山县后的第一次筑城

定海古城已有1200多年历史了，筑于唐开元二十六年（738），颂河首建翁山县。筑城后因颂河土轻，于是迁移到定海依锁山（南宋淳熙年间改称镇鳌山）东南麓始筑土石城墙，呈方形，城墙长5里，缺西北角约半里（跨越锁山部分），设四门。据民国《定海县志》载：“唐开元间，析鄮为翁山县，筑城于颂河，后以土轻，移镇鳌山旁，周广五里。”不过，到了唐大历六年（771），因袁晁海上聚义而废县。定海的古城也随之被废弃，此城仅存世33年。

二、宋代：城墙形成了城防体系

宋代的城墙总结了筑唐城的经验，形成了城防体系，有府城、子城两道。大致由城墙、城门、瓮城、马面、钟楼、鼓楼、望楼、弩台、敌楼、马道等组成。宋代城墙一般高度在 11 米左右，在城门外构筑有瓮城，多为方形或者半圆形，厚度与城墙相同。城墙设置有雉堞、马面和弩台。马面（又名行城、敌台），是依一定距离在城墙外侧建凸出的墩台，平面有长方形和半圆形，与城墙合为一体，上设供士兵休息的战棚，战棚四周有木桩围护。因外观狭长如马面，故名。一般宽度为 12—20 米，凸出墙垣外表面 8—20 米，间距为 20—250 米（一般为 70 米），即在弓矢投石的有效射程以内，特点是能够自上往下从三面攻击城下的敌人。由于火器出现，宋、元以后的城墙，已很少使用这种构筑物了。但舟山在元、明代因战事颇多，仍在使用这种构筑物。

为了避免城门直接暴露在敌人的攻击下，常在城门外侧添筑城墙一道，以形成一面积不大的防御性附郭，这就是所谓的瓮城。瓮城者，顾名思义，一旦敌人进入此处，就会遭到四面围攻，犹如瓮中之鳖。瓮城外设置壕沟，上设吊桥，沟通往来，壕沟内侧（靠近城墙侧）构筑有羊马墙。壕沟外侧则设置有拒马枪和陷马坑，作用大致是防止敌军骑兵的快速冲击。北宋熙宁六年（1073）舟山恢复了县治，改翁山为昌国。依旧址扩筑城郭。城墙是土石结构，高 2.4 丈，址广 1 丈，长度也有所增加，延袤 9 里，北际山，东抱衙山(鳌山)，西跨镇鳌(镇鳌山)，自东南及西 1260 丈，围成一个 0.8 平方公里区域的城区。周城设东南西北四门，门楼上增设楼穴，沿城新挖壕河，置吊桥，并罗以月城（瓮城），规模比唐代古城大有扩展。但在建炎中期，毁于入侵的金人之手。

三、元代：为出入方便增设城门六所

宋以后，或因兵燹战火，或因风雨侵蚀，城墙屡毁屡建。元朝至元十五年（1278）升昌国为州。 据元大德《昌国州图志》记载，“州城周广五里”，有“城门六所”。城门是城市内外交通的出入口，其建筑之规模、数量常依城市的大小、形制、方位、用途等因素来确定。

所以东隅有“东江门”，西隅有“西门”，南隅有“南门”，北隅有“上荣门”，西南隅有“舟山门”，东北隅有“艮门”，旧名虞家桥。比宋之古城多了两个城门，出入更为方便。

四、明代：改州为县后按旧址增修城池

史料佐证，明代仍多使用瓮城。明代，城墙屡毁屡建。明代制砖业的蓬勃发展，使陶砖普遍用于各种建筑。现存各地的砖城墙，几乎全部建于明代，特别是中期以后。虽然这些城墙绝大多数都是两侧包砖、中央填土的形式，但也有下部以条石、上部用一般黏土所烧制的青灰城砖迭砌的。在定海建的防倭之城堡，其墙垣、炮台、雉堞皆用石砌。

据志书载，明洪武二年（1369），昌国改州为县，按旧址增修城池。址宽1丈，高2丈4尺。辟东南西北4门，上置楼，门前8—10丈拐弯增筑城门与城墙连接称“月城”，以固正门。有雉堞（齿状矮墙）2673个，警铺60座，城外自东南至西挖护城壕（后称壕河，西北有山未挖）长1260丈。城外是护城河（旧称“壕”），河上架有桥。水门设于东南，各置吊桥。据清光绪《定海厅志》载，明洪武二年，“增葺昌国城池，改州为县，旋复设卫所。……辟东西南北四门，于东南各置吊桥”。其中，“展跨鳌山，恢旧制，辟门四”。次年，接任的千户许友展指挥续修，增筑西北角镇鳌山脚城墙半里。城门由六座改作四座，题名：“东曰丰阜，南曰文明，西曰太和，北曰永安。”封闭东北隅之艮门和西北隅之舟山门。至永乐十五年（1417），都指挥谷祥又一次加修。正统八年（1443）户部侍郎焦宏，以“城大兵少”为由，拓宽城壕，裁东北半里，并于四城门外增设木栅。《定海厅志》云：“南文明门壕桥外木栅曰‘迎恩’。东丰阜门外木栅曰‘宾旸’。西太和门外曰‘西安’，北永安门外曰‘北固’。”在城门外的8—10丈外，拐弯增筑城门与城墙相连接的“月城”，以固正门。西北城垣，跨越镇鳌山，东抱霞山，余皆平陆。成化年间，指挥张勇，亦曾增修城垣。嘉靖三十三年（1554）倭寇入据，城池部分被毁。三十七年（1558），倭寇进犯定海，城中居民依靠城池誓死抵抗。平倭后，嘉靖四十年（1561），定海都督卢镗、海道谭纶重修城池，并增设敌台（炮台）20处，用的是“辛酉年置”城砖，后倾圮。至万历十三年（1585），副总兵张可大重修城垣，历时半年。并在南门外又增设一座20丈宽的月城（瓮城），一座9丈宽的水门（随着跨河而建的水城的出现，供船舶往来的水门也产生了），另外还增设了兵马司库房、总台铺各1座，增设4座箭楼、5座敌楼、38座窝铺。明代的定海城墙酷似中国七大古城墙之一的平遥城墙，平遥城墙建于明洪武三年（1370），位于山西省平遥县。周长6千米，高8—10米，底宽8—12米，顶宽3—6米，墙身素土夯筑，外壁城砖，白灰包砌。环城辟城门6道，门外筑瓮城。平遥城墙马面多，造型美观，防御设施齐备，为中国历代筑城之仅有，并以筑城手法古拙著称于世。

五、清代：因兵燹战火所致城墙大修了五次

清代定海城墙大修了五次，定海城墙屡毁屡建，只是城墙总的格局未变，一直保持到20世纪50年代。

第一次：规模最大的一次筑城，是在清康熙二十八年（1689）。

清顺治八年（1651），清军攻占舟山，“大兵再至，寇遂堕城而去”，城池被战火所毁。原明军将领、人称“陈铁头”的湖北利川人陈世凯，在三十年戎马生涯中以勇猛出名，他在顺治十六年（1659）投降清军，后于康熙二十八年（1689）年底抱病进京请求康熙准许募捐集资，修复定海城墙，结果客死京师。康熙皇帝被其精神所感动，遂同意修城。当时，沿海一带反清的武装已被荡平，康熙二十七年（1688）刚刚恢复定海县建制。因定海城池残破，百姓皆住草屋，且无县署，又乏税收。康熙在十二月十六日颁旨拨皇银31287两，建定海城，宁波府知府、同知和定海县知县周圣化以及县丞、典史、巡检等，分别被授为总裁、监造、营造、管工各官，还要提供城砖等筑城物资。康熙二十九年（1690）四月十六日动工，定海县知县周圣化为实际上的总承造官，经16个月辛劳，于三十年（1691）八月十六日竣工，共动支正项钱粮31287两。新城规模循旧址建筑，计周长1216丈，此城高一丈，广一丈五。罗月城4座，城身48丈。齿状雉堞（即“女儿墙”）1280个，城堞高四尺

18砖厚，7砖宽，堞孔为3砖宽。设东南西北四门，门上各建飞楼1座，宽1.6丈，深3.6丈，高1.2丈，又建窠铺38座，分布四门。城南设水门1座，门外围绕城壕。后在乾隆五十八年（1793），英国派出以马戛尔尼为首的访华使团，希望用贸易敲开我们这个富庶的东方古国的大门。舟山群岛是英国使团进入中国后所到的第一处，舟山总兵派了兵士护卫英使团在城中游览。城门是英国使团最初踏上中国土地即浙江定海见到的第一种建筑。在英国副使斯当东的眼里："定海城墙高三十尺，高过城内所有房子。整个城好似一座大监狱。城墙上每四百码距离即有一方形石头碉楼。雉堞上有箭眼。除了城门口有几个破旧的熟铁炮而外，全城没有其他火力武器。城门以内有一岗哨房，里面住着一些军队，四壁挂着弓箭、长矛和火绳枪，这就是他们使用的武器。"随马戛尔尼同行的有一个画家叫威廉·亚历山大，他在中国期间速写了大量的风景风俗素描稿。在亚历山大画笔下，定海城门上挂着彩绸，有马车和小贩进城，城墙外的民房里，还有妇女孩子扒墙观望，其乐融融。英国著名建筑师、插画设计家、水彩画家阿罗姆（1804—1872），主要借用了威廉·亚历山大的素描稿，重新画了大清国的风景风俗，集18世纪末和19世纪初中国地域风景、民俗风情画之大成。其中《舟山山谷》描绘了临海建筑的有6英里长城墙的定海城，城外是港口、船帆和一座座悬水的岛屿。

第二次：嘉庆十八年（1813）。因城池年久失修，多处坍毁，知县沈泰筹划重修，于二十一年正式动工，至二十二年八月告竣，耗银4000余两。

第三次：此后又经多次战乱，城墙毁损严重。道光二十年、二十一年（1840、1841）英军两次攻占定海，城毁。《南京条约》签署，鸦片战争结束，定海城光复。钦差大臣裕谦在二十七年（1847）奏请朝廷批准后，又一次对定海古城进行全面重修。新任的定海知县受命叫匠人专门烧制城砖，修葺城身及东、南、北三门。砖长28.5厘米，宽19厘米，厚9.5厘米，每块砖上印有"定海城砖""丁未年置"字样。

第四次：据志书载，定海城墙第四次修建在清同治十年（1871）四月。厅同知左征向当地绅民募银1.4万两，四月开工，修城垣210余丈，重修城垛1206个，登城石阶两处，加高北城三尺及窝铺、盘诘厅、瞭望楼，新置北喉水门，十一月竣工。

第五次：定海城墙第五次修建在光绪年间，这是定海古城的最后一次修建。当时定海修城烧制城墙专用砖“丙子年”城砖，边上有“定海县”款，系清光绪二年（1876）烧制，砖体较小。到光绪二十一年（1895），官府烧制“光绪城砖”，以修葺西、南城墙所用。砖上印刻有“定海县二十一年”字样，砖体小巧，平滑整洁，特别是字款细腻清爽，当时烧制数量不多。东南西北四面城墙经修葺后，城墙内处两侧皆砌城砖。

六、城外之城墙——衜头土城

衜头土城，又名泥城，是清道光二十一年（1841）四月所筑。系钦差大臣裕谦因“厅城三面皆环山，南道头独滨海无藩蔽”奏请朝廷批准，由善后局所建。当初由葛云飞、郑国鸿、王锡朋三总兵具体主持修筑，东自青垒山西至竹山，总长1436丈，高1丈至丈余不等，土城设2门，东门曰“久安”，西门曰“长治”，城上设有炮位，后在道光二十六年（1846），巡抚梁宝常奏请朝廷批准，加高培宽土城，并作土垛72堵，中留垛口71个，安置炮位，由定海镇标右营官兵把守。定海衜头土城在1841年9月26日英军复攻定海时被毁。

七、造城不易拆城易

从民国二十一年（1932）开始拆除南门月城，道路成直。翌年，又拆东西北月城。三十一年（1942），侵华日军掘东、西城墙以通军车，毁部分城垣。三十八年（1949）五月，国民党军挖城墙砖石筑工事，除南城墙外，东、西、北城墙均成残壁。1955年冬，学校组织学生跟机关干部一起参加义务劳动，拆除西门一带的城墙。1956年，南城墙被拆改筑为解放路，至1959年完竣。到20世纪50年代末，定海城墙陆续拆除完毕，拆除后的城墙墙址成了环城东路、解放路、环城西路和环城北路的一段。

八、一座仿制的定海古城墙

“定海城” 是一座仿制的定海古城墙，位于桃花岛鹁鸪门后门沙滩上，是电影《鸦片战争》舟山摄制地主要景点之一，整个城墙长230米，宽12米，最高处12米，设城楼、古炮位、箭垛、旗杆等设施，飞檐翘角，黑瓦红墙，整座城墙古朴典雅，雄伟壮丽。

九、定海古城砖

定海第一次筑县城墙是在北宋熙宁六年（1073），是土石结构。后定海修城烧制城墙专用砖。从民国二十一年（1932）开始拆除南门月城。后拆东、西、北月城，到20世纪40年代，东、西城墙被毁，1956年，南城墙被拆改筑为解放路。至此，除北门城池还有废土残垣外，定海已难见旧城墙体和整批古城砖。

笔者日前与一朋友寻访老屋老街老弄，意外地发现在一旧宅墙体上混杂着许多定海古城砖，抹去尘垢灰苔，仔细辨认，除乱石碎瓦和普通断砖外，有四种城砖夹筑其中。其一是“辛酉年置”城砖，查考系明嘉靖四十年（1561），定海都督卢镗、海道谭纶增筑军用敌台20处，用的就是此城砖。因年久失修而坍塌，砖被城池边老百姓捡去筑屋墙。其二是“丁未年置”城砖，查考系清道光二十七年（1847）烧制此城砖，用以修葺城身及东、南、北三门。其砖与“辛酉城砖”外貌相似，厚大长方，砖长28.5厘米，宽9.5厘米，印有“定海城砖”字样。1942年，西城墙被毁修路，“丁未城砖”被百姓捡去建屋筑墙最多。其三是“丙子年”城砖，有“定海县”款。系清光绪二年烧制，砖体较小。其四是“光绪城砖”，此砖为清光绪二十一年官府烧制，以修葺西、南城墙所用。砖上印刻有“定海县二十一年”字样，由于当时烧制数量不多，城墙毁后，多有流失，经查找现旧城池边民宅墙上已存在不多，笔者仅发现几块而已。

古城砖中，有些还落有窑厂印记，如“协成”等。还有从外地运来的城砖，如“奉县”砖等，在此不一一赘述。

干大圣庙和廉吏干文传的故事

阿 能

定海人民北路16号（20世纪80年代设置的老门牌号），有座“干大圣庙”，该庙初建于明永乐初年，清初毁于战乱。现庙为清道光四年(1824)重建，占地约400平方米，正殿原供奉元昌国州同知干文传像，今像已毁。正殿前正中为戏台，庙台呈四方形，长宽四五米。戏台连接前殿，东西两厢皆有厢房和廊庑，与正殿和戏台构成“天井”。戏台左右为东西两门。旧时，每年春秋两祀，在干大圣庙演庙台戏，首场必演周文王访贤，拜姜子牙为相的戏《渭水河》，以此来称颂干文传的贤德和惠政。1950年舟山解放后，庙改作驻军服务社，使用至今。

干文传（1266—1343），元诗人，擅长书法。字寿道（一作道寿），号仁里，晚号止斋。江苏平江（今苏州）人。生于宋度宗咸淳二年（1266），卒于元惠宗至正三年（1343），享年78岁。《元史》有传。

其祖父之先世以武弁入官，为宋承信郎。而力教其子以文易武，故其父雷龙两举进士，宋亡，不及仕。及生文传，乃名今名以期之。少嗜学，十岁能属文，未冠已有声誉。首登延祐二年（1315）乙科进士第，荐为吴县、金坛两县教谕，迁饶州慈湖书院山长。延祐四年（1317）授同知昌国州事，累升长洲、乌程县尹，婺源知州、吴江知州，所至清吏弊、平冤狱，皆有善政。至正二年（1342）在苏筑心心斋。至正三年召入朝，预修《宋书》，书成擢集贤待制，以嘉议大夫、礼部尚书致仕，卒于家。文传气识伟远，诗文雅正，曾校韦珪《梅花百咏》，有《仁里漫稿》行于世。

干文传在昌国知事任上六载，即能柔之以恩信，对百姓以推诚宽厚为本，施善政得民心。他到任后先置儒学书籍，以振兴文教为己任。延祐七年（1320）还将建于南宋淳祐九年（1249）、毁于元大德十一年（1307）飓风的翁州书院进行重建。时盐场官方倚仗转运司的势力，对盐民百般苛索，盐民稍有过失，即被判刑杖击，甚至抄没家产，逼得不少盐民家破人亡。为减轻盐民负担，文传语同列曰："吾属受天子命，以牧此民，可坐视而弗之救乎！"于是，文传针对盐场官仗势欺压百姓之事，愤然为民请命，为民寻求公正。并据实力陈改进主张，建议革除盐政弊端。他还制订"助役法"。《元史·干文传传》载："会创行助役法，凡民田百亩，令以三亩人官，为受役者之助。"至治三年（1323）四月，"助役法"得到采纳，英宗下诏"行助役法"。运用国家政令，使地主按一定比例，上交小部分土地的税收，作为助役费，用于补偿农民劳役方面的经济负担，使昌国的盐民减轻了负担。同时，减轻徭役，凡差役先征商贾和富家大户，以保护农业劳动力，这些措施对农民大为有利。百姓称之为"圣人"。据传，在他离任时，民众遮道攀车挽留他不果，如失父母。便在城关、金塘柳行、紫微天童等地建庙纪念他。据旧志记载："传知昌国，颇具惠政，恩泽州民，迁任新安，州民航海送行，舟至金塘，登岸稍停，乡民感恩，立庙以祀。庙址大场（象）地。"金塘岛民于大象地（今大浦社区）建干大圣庙事，今庙废，遗址仍存。

干文传在各地为官任上以清正廉明出名，论者谓其有古循吏之风。据《元史·干文传传》载："文传莅官，其所设施多此类，故其治行往往为诸州县最。所至郡县，为之肃然。”韩镛时为浙西廉访司事，作《乌程谣》，以纪其绩，“击奸暴，黜贪墨，而特举乌程县尹干文传治行为诸县最，所至郡县，为之肃然”。以《元史·干文传传》中几个例子为证：

一例：“其在乌程，有富民张甲之妻王，无子，张纳一妾于外，生子，未晬，王诱妾以儿来，寻逐妾，杀儿焚之。文传闻而发其事，得死儿余骨，王厚贿妾之父母，买邻家儿为妾所生，儿初不死。文传令妾抱儿乳之，儿啼不就乳，妾之父母吐实，乃呼邻妇至，儿见之，跃入其怀，乳之即饮，王遂伏辜。”说的是元英宗至治元年（1321），干文传在浙江乌镇（今桐乡）做县尹。县内有一名财主叫张甲，妻子王氏没有生儿子，张就在外面娶了一房妾。妾替他生了一个儿子，还未满百日，王氏设法引诱妾带着孩子来自己家中，先夺下妾的婴儿，把婴儿杀死焚尸灭迹，然后又将妾赶出家门。此事告到县尹衙门，干文传受理此案。经过调查，虽找到了被害婴儿的一点余骨，但因王氏用重金贿买了妾的父母，还花钱买了邻家年龄相当的小儿冒充是妾生的儿子，并坚持说没有杀儿焚尸之事，案件审理陷入了僵局。干文传思考很久，想出了鼋鸣鳖应一计。于是拘传了相关人员，在大堂上令妾抱着婴儿喂奶，可婴儿大哭不止，就是不肯吃。妾的父母见势不妙，就如实说出王氏用金钱买他们邻居小孩之事。干文传又命令传小儿的亲生母亲到堂，小儿一看到自己的母亲，立即停止哭泣，一下投入母亲怀抱吃起奶来。至此，真相大白，王氏无法抵赖，只好招认，于是干文传依法将王氏处以死刑。

二例：“丹徒县民有二弟共杀其姊者，狱久不决，浙西廉访司俾文传鞫之，既得其情，其母乞贷二子命，为终养计。文传谓二人所承有轻重，以首从论，则为首者当死，司官从之。”虽然二人共杀其姐，但干文传在审案时，从案情出发，只判首犯罪过。

三例：“婺源之俗，男女婚聘后，富则渝其约，有育其女至老死不嫁者；亲丧，贫则不举，有停其柩累数世不葬者。文传下车，即召其耆老，使以礼训告之，阅三月而婚丧俱毕。”文传到任以后，立即召集年老之人，让他们用礼法教化民众，而废陋俗。

四例：“宋大儒朱熹，上世居婺源，故业为豪民所占，子孙诉于有司，莫能直。文传谕其民以理，不烦穷治而悉归之。复募好义者，即其故宅基建祠，俾朱氏世守焉。”朱熹祖居婺源，旧有的家产被富有之民霸占，朱熹的子孙向官府申诉，没有得到匡正。而元统二年（1334）干文传到婺源知州任后，对百姓晓之以理，使朱家旧产悉数归还。还奏请朝廷，得旨核准，在城南明道坊，以朱韦斋（即朱熹父朱松）故居为基，募建了朱熹祠堂（朱子文公阙里）。

五例：“有富民江丙，出游京师，娶娼女张为妇。江既客死，张走数千里，返其柩以葬。前妻之子因苦之，既而杀之，瘗其尸山谷间。官司知之，利其贿不问。文传乃发其事，而论如法。”干文传秉公行事，揭发了官府因受贿隐匿杀人一事，并依法进行了处置。

蚂蚁岛人民公社和蚂蚁精神

阿 能

一、概况

蚂蚁岛，别名大蚂蚁山，位于舟山本岛东南面，桃花岛北，普陀区沈家门南约8.5千米，长方形，东西走向，长约2千米，宽约1.4千米，面积约2.64平方千米。岛以形名。西高东低，最高西北部大平岗顶海拔157.1米，设蚂蚁岛乡，现有居民1290户，4700人。主业为海洋捕捞，盛产虾米、虾皮、海蜇皮、龙头鱼等。被誉为“中国虾皮之乡”，是全国第一家渔业人民公社诞生地。

20世纪五六十年代的蚂蚁岛，是全国渔业战线的一面红旗。蚂蚁岛人遵循中国共产党所指引的方向，用自己的双手和意志，自力更生，艰苦创业，改变了家乡的贫困面貌，成为浙江省沿海地区率先实现远洋生产机帆化的海岛渔乡和全国闻名的“富裕之乡”“农业社会主义建设先进单位”。蚂蚁岛人民在发展生产、建设海岛中所展现的自力更生、艰苦创业精神，受到党和国家领导人的赞扬和肯定。

1950年，蚂蚁岛解放之初，岛上渔民生活极端贫困。但是，困难没有压倒蚂蚁岛人民，他们在共产党领导下，开展生产自救。1951年2月，蚂蚁岛成立了渔民协会，组织渔民恢复生产，掀起了一股互帮互助的热潮。1952年2月，舟山第一个渔业生产互救组——刘岳明近洋涨网互助组在长沙塘正式成立。从传统涨网作业转向远洋渔业。1953年6月，成立中共蚂蚁乡党支部，7月，长沙塘以刘岳明互助组为基础，成立了舟山渔区第一个渔业生产合作社。1954年3月下旬，蚂蚁岛以渔业生产合作社为基础，将全岛的4个渔业生产合作社合并为一个政社合一，一岛一社的大合作社，全岛实现了一岛一乡一社，有了人民公社的雏形。之后，渔业生产合作社先后三次与农业社、手工业社、供销社、信用社合为一体，成为第一个综合性的合作社。1958 年 7 月 26 日，经普陀县委批准，将原已实行政社合一、一级所有、一级核算的渔业生产合作社改称为蚂蚁岛人民公社，成为全国第一个渔业人民公社。

自从 1952 年第一个渔业生产互助组成立开始，蚂蚁岛渔民翻开了自力更生、艰苦创业的新篇章。妇女们苦战五个日夜搓草绳，社员将火囱、首饰交给社里，以“草绳船”“火囱船”命名撑来了 2 对大捕船，“火囱船”“草绳船”成为蚂蚁岛前辈人“艰苦创业”的标志。1955 年起，蚂蚁岛进入了“自生更生、勤俭创业、实现机帆化捕鱼”的新时期。1958 年，全社制订了“强社爱家，增产增收，勤俭持家”公约，社员们自觉制订了“家庭节约计划”，全岛妇女建立了 24 个勤俭持家小组，为社里创收；岛上的青年渔民节约开支，“苦干一年不分红”。就这样，社里购买了 2 对“妇女号”和“青年号”机帆船。同年 11 月 3 日，国家主席刘少奇亲临视察并亲切会见了当时人民公社的负责人。1958 年蚂蚁岛人民公社代表徐明表参加全国农业社会主义先进代表会议，蚂蚁岛人民公社荣获“全国农业社会主义建设先进单位”，同月，公社妇女主任刘亚珠赴京参加“全国妇女建设社会主义积极分子代表会议”，受到全国妇联表彰奖励。中国新闻纪录电影制片厂还摄制了蚂蚁岛新闻纪录片。到 1960 年，蚂蚁岛机帆船总量达到 27 艘，成为全国渔区第一个实现机帆化的乡。是年 3 月，中共中央农村工作部、水产部召开全国海洋渔业蚂蚁岛现场会，推广蚂蚁岛艰苦创业经验，提出“把蚂蚁岛人民公社红旗插遍全国渔区”的号召。此外，原中央统战部部长李维汉、全国人大常委会副委员长班禅、南京军区司令员许世友、解放军副总参谋长彭绍辉、中央农村工作部副部长廖鲁言、国家水产部副部长高文华等十几位中央和有关部门领导同志分别亲临蚂蚁岛视察。

二、蚂蚁岛人民公社

1958 年，蚂蚁岛有居民 586 户，2717 人，90% 以上从事渔业生产。

普陀县委工作组根据“鼓足干劲，力争上游，多快好省地建设社会主义”的总路线精神，决定在蚂蚁岛继续搞“五社合一”试点，于6月底宣布“五社合一”，定名为“蚂蚁乡渔业生产合作社”，确定组织性质与原则是“在党政统一领导下的完全社会主义性质，集体所有的群众性的生产组织，以经营渔业为主，农业手工业为副的生产方针”，“渔业社下设信用、供销两个部，担负借贷信用、物资供应工作，不以营利为目的，而主要是为渔、农、手工业生产资料和社员的日用生活资料服务”。至7月初，虽然当时还没有公社名称，但实际上已实现一岛一乡一社。9月26日，正式启用蚂蚁人民公社印鉴。10月1日在全岛社员大会上宣告人民公社成立，取代蚂蚁乡政府和蚂蚁乡渔业生产合作社，全社实行一级所有，一级核算，统一分配，统一管理，政社合一。

公社实行不同于合作社时期的分配制度。1961年6月以后蚂蚁公社在管理制度、有关政策方面经过了一系列的重大调整，实现了分社，纠正了“共产风”，恢复了合作社时期那些群众满意的政策、制度，从而促进了生产力的发展。此后，人民公社贯彻党的指示精神，执行了第三资“五社合一”。“文革”初期，各项管理制度受到冲击，“三包一奖”责任制度被否定、批评，分配平均主义，渔业生产曾一度遭受破坏。1972年开始，各项工作逐渐转向常轨。生产、建设也有了进展。1983年9月初实行行政社分社，成立了新的蚂蚁乡党委、政府、人民公社三套班子。此时，公社已无经济实体，全乡经济管理权限已由乡政府承担，长达30年的蚂蚁人民公社至此完成了历史使命。

三、蚂蚁精神

1954年，蚂蚁岛小社并大社后，干部、社员积极响应党提出的“向远洋进军”的号召，社里决定向国营船厂订购两对大捕船，但造船需资金2万元，当时社里只有7元钱。为此，社里在资金缺乏的情况下，提出“相信群众，自力更生，发展渔业生产力”的号召，立即得到了广大群众的热烈响应。干部、社员展开了热烈的讨论，很快统一了思想。大家说：“如果大家都依靠国家贷款，吃‘伸手牌’香烟，国家的钱即使比海水还要多也要完”，“我们有困难，国家也有困难，有困难要我们自己解决”。当即，大家就展开了两个方面努力，“第一对大捕船由我们妇女来买”，妇女主任在全体社员大会上立下了军令状。冬夜，妇女们借着昏暗的煤油灯在不停地搓草绳，她们白天搓晚上搓，手掌上起了血泡，开裂出血，但是300多个女社员坚持在一个多月的时间里，夜以继日地搓出了12万多斤草绳，编织成绳网出售。第二，许多社员都拿来自己家里值钱的东西，有铜火囱、银项圈、蜡烛台、耳环，还有从箱子上撬下来的铜铰链等。74岁的老渔工陈仕裕将多年攒下来的20多元棺材钱也拿出来向社里投资。当时因刚解放才几年，社员家里缺食少穿，家家只好吃番薯干，附近岛上有渔民讽刺说：“小小蚂蚁岛，吃点烂番薯，饿着肚皮干，一心想上天。”但她们却自豪地说：“水汇成河，造起大捕船，发展了生产，到那个辰光，你们就不及我们了。”就这样，通过勤和俭两方面努力，妇女搓绳收入9600元，社员们“变死宝为活宝”无偿向社里投资9500元，终于解决了四只大捕船的资金。当新船驶到蚂蚁岛时，许多老渔民激动得流出眼泪：“想不到我们也有大捕船了。”为了铭记这来之不易的创业成果，当时就将这两对姐妹船命名为“草绳船”“火囱船”，激励下一代蚂蚁岛人要坚持自力更生，艰苦创业的精神。

1958年，全岛562个妇女为支援机械化生产，用“草绳船”“火囱船”精神勉励自己克勤克俭，艰苦创业，用多年攒下来的钱投资给社里买机帆船，为实现蚂蚁岛的机帆船化添砖加瓦。当时，全岛妇女建立了24个勤俭持家小组，并提出“日积三分，月积一元，省吃俭用，滴水成河”的口号。全乡妇女两个月不发预支，妇女干部邹雪娟将七年节省的1600元钱全部存入社里。全社妇女累计投资42000元，购买了第一对命名为“妇女号”的机帆船，当时郭业珠、林妙珠、陈和仙等妇女也成了女轮机手，“妇女号”于1958年6月初投入远洋生产。当时，在蚂蚁岛妇女中流传着这样一首歌谣：“不买毛线不买呢，不做羹饭不送礼，旧布被破衣，剩下衬鞋底，节约钞票存社里，机械化一定要实现。”这是对蚂蚁岛妇女克勤克俭、艰苦创业，为实现海岛机械化奋斗的真实写照。

为了弘扬蚂蚁岛艰苦创业精神，1994 年 9 月 26 日在蚂蚁岛长沙塘村新建了蚂蚁岛创业纪念室，投资 40 万元，占地面积 400 平方米，建筑面积 210 平方米。展览大厅 120 平方米，大厅正中是“今日蚂蚁岛”的沙盘模型和省市领导的题词，陈列内容分为“组织起来，走合作化道路”“自力更生，艰苦奋斗，勤俭办社”“今日蚂蚁岛”和“关怀与鼓舞”四大专题，材料翔实，图文并茂，实物生动，充分展现了蚂蚁岛 50 年来的渔业发展史和“两个建设”所取得的巨大成就，突出反映了 20 世纪五六十年代蚂蚁岛人民艰苦创业的英雄业绩。

蚂蚁岛创业纪念室创建于 1993 年 9 月，落成于 1994 年 9 月。在创建中，得到了上级领导和社会各界的大力支持和赞助，蚂蚁岛乡党委专门成立了由乡党委副书记挂帅的编撰组，集中力量从各个渠道，用各种方式，千方百计地查找收集详细的资料。几乎访遍了所有曾经在蚂蚁岛上奋斗过、工作过的老干部、老上级，为蚂蚁岛摄下过当年雄风和撰写过新闻报道的摄影师、记者和健在的蚂蚁岛乡创业者们，走遍了岛上前辈创业所留下的足迹，寻遍了全市乃至全省各地的档案室、图书室和出版社等。花费近一年时间，共收集 300 多种详尽资料，有上级给予的各种荣誉状、奖章、奖牌，有记载前辈创业苦、收获乐的详尽报道、照片，有流下过前辈创业汗滴的草鞋、旧衣及渔具等生产工具实物，有象征渔业发展史的各种渔船模型等，尤其是收集了有深刻教育意义的前辈们在 20 世纪五六十年代创业的大量资料，成为纪念室有血有肉的深刻内涵。

蚂蚁岛创业纪念室生动地反映了 20 世纪五六十年代蚂蚁岛干部群众艰苦创业的精神。当时，蚂蚁岛人民硬是“不要国家一分钱”，本着“勤俭办一切事业”的坚定决心，自力更生，艰苦创业，使一穷二白的蚂蚁岛成为浙江沿海渔区乃至全国闻名的渔业先进典型。

蚂蚁岛创业纪念室的创建，旨在弘扬前辈的艰苦创业精神，教育和激励后代发扬蚂蚁岛人“火囱船”“草绳船”的精神，同心同德创建渔村渔业现代化乡镇。该纪念室自 1994 年 9 月 26 日开放以来，迅速成为蚂蚁岛人民和市内外干部群众及全市青少年参观学习的焦点，成为生动的全市爱国主义教育课堂，受到了市、区领导的充分肯定。2004 年 9 月被浙江省委、省政府命名为浙江省爱国主义教育基地。

“美丰”杂货店里的革命夫妻
——中共东海工委旧址的前世今生

陈雨信

1983 年 6 月，舟山地委党史办在杭州中华饭店召开了一次定海县工委史料征集座谈会。原中共定海县工委领导成员杨志行、钱铭岐、詹步行等出席了座谈会，一些 1949 年前曾在舟山工作的在杭老同志童春梅、朱敏溪等也应邀出席会议。会议进行中，有几位老同志打趣，要与会的詹步行、童春梅“补发”结婚喜糖。

故事还得从1943年 4 月说起。那年，中共三东工委（领导镇海、鄞县、奉化三县东部和定海工作的地级工作委员会）派詹步行（化名王步行）同志到岱山，中共定海工委派政工队员童春梅（秀山人）做他的助手，为了便于掩护，他们俩以“夫妻”名义，在岱山念母岙租了一间街面房，开起了一家叫“美丰”的小小杂货店，作为党的活动“机关”。詹步行初到岱山的任务是沟通浙东与苏北的海上交通线，并进一步开展党在岱山的工作。当时曾由他和在定海钓门工作的王博平、邵树棠建立了一个负责沟通海上交通线的领导小组，由詹步行任组长，“美丰”也就成了这个领导小组的机关。到了 1943 年 10 月，坚持定海东区的第五大队和已公开的党政

干部奉命撤退至四明山，定海的地下党工作分成南（定海本岛）、北（岱山地区）两片，詹步行任岱山片特派员，和当时的三东、三北地区各县一样，都是县级。1945 年 7 月，定海片特派员徐朗调离定海，全县工作统一，由詹步行任中共定海县特派员。

抗日战争胜利后，詹步行仍任定海县特派员。1947 年恢复三东工委，由詹步行任书记，陈志达、张国璋为委员。1948 年 1 月，中共浙东临委将三东地区改名东海地区，成立东海工委，由詹步行任书记，王博平、陈志达为委员，恢复三东工委和成立东海工委后，詹步行仍兼任定海特派员。

从詹步行担任岱山特派员起直到后来担任东海工委书记期间，始终住在“美丰”。“美丰”既是中共定海特派员的机关，也是三东工委和东海工委的机关。在长达五年多的时间里，詹步行和童春梅以商人和“夫妻”的身份在这里悄悄地、紧张地工作着，与其他同志一起为发展岱山地区党的工作、为抗日战争和解放战争期间开展浙东海上游击作出了重要贡献。尤其是解放战争时期，他们曾在这里多次接待中共浙东临委组织部部长王起，临委政治交通项耿，舟山群岛游击支队政治主任王博平等领导同志，共同商讨党领导、控制下的武装力量“保二中队”的“拉出”问题，筹建“东海游击总队”以及发展岱山地下党的工作等，并与区委负责人余力行、姜立纲等研究发动盐农民进行反苛捐杂税、反抽丁、反迫害的群众斗争等等。

当时由于地下党员王家恒取得岱山区区长、国民党区党部书记、三青团区队长和保二中队中队长等职务，控制了国民党在岱山的党、政、军大权，得以用合法的身份来保护东海工委的安全，使“美丰”小店成了人员和武器转送的地点之一，所以，附近有些略知内情的群众在“东总”活动威震东海时都说“这支部队是王先生店里出来的”。

1948 年 8 月，国民党派出海军总司令桂永清等率两千多海陆空军“围剿”东总、舟支等海上革命武装，并于 9 月间以“通共”罪名缴了保二中队的枪，逮捕了王家恒和中队长以上干部。詹步行在极其危急的情况下，临危不惧，和余力行等整编了从六横突围出来的部分东总人员，部署反“围剿”斗争任务，又与岱山区委负责人姜立刚等安排好营救王家恒等被捕人员的计划后，于十月间在地下党同志的掩护下，与童春梅同志一起安全撤至台州。“美丰”的使命也至此结束。此时，詹步行和童春梅这对为革命工作需要而结成的假“夫妻”，在数年的地下工作中，已经建立起了革命的友谊与感情，并经组织批准成了革命的夫妻。

1993 年 12 月，岱山县委、县人民政府对位于岱山东沙镇念母路 67 号（原念母岙费家）的中共东海工委旧址按原貌进行修缮，并布置了史料陈列室，作为爱国主义教育基地，供后人学习参观。

大宅门的五常之道

吾旭华

一座千年古城，将它厚重的历史隐藏在深宅大院中；一道大宅门，谱写了一首定海人根深蒂固的五常之道。

位于舟山市定海区东管庙弄51号的王家住宅，俗称王家走马楼，是舟山市文物保护单位，这幢有定海“七十二家房客”之称的江南传统民居建筑是定海旅沪巨商王克明为他母亲祝寿而建。全屋采用穿斗式木结构、回字形布局，精雕细琢，是定海古城当之无愧的第一大宅门。

儒家思想的“仁义礼智信”五常观念根植于出门闯荡的舟山商人心中。一幢老屋、一道大宅门，往往折射出房屋主人的一生。

王克明，幼年丧父，家中一贫如洗。年幼的他便做一些渔货买卖来养家糊口。1840年，一场由英国殖民者发动的鸦片战争让整个定海陷入了空前的灾难。20来岁的王克明只好外出谋生。经人介绍，他在上海“美商丰泰洋行”当伙计。由于诚实守信、头脑灵活、办事利索，深受洋老板喜爱，被聘为买办，成了当时美商丰泰洋行在上海的代理人，周旋于官僚资本家和帝国主义洋商之间长达半个多世纪之久。19世纪

80 年代，以李鸿章为代表的洋务派敲山震虎，以“远年旧案”和“济贼漏税”的罪名制造了在中国近代工业史上，震惊上海滩，甚至惊动了中美两国外交部门的“王克明案”，以达到遏制民间资本和外商资本的目的。但是鉴于王克明长期积累的仁义、诚信口碑，负责案件处理的两江总督左宗棠给上海道台邵友濂的密令中要求：“如王克明到案，可从轻了解，美商销沮，免其解审”，让他得以从这场抵制中安全脱身。

王克明将他的人生信条融入到这座大宅门建造当中。

如果从大宅门侧面看，两排水磨青砖、两个牡丹垂柱、十个精美的砖雕斗拱，传递出他这一生秉承清清白白做人、诚信为本的经商之道，也展现出他渴望像鸟儿一样展翅飞翔，实现“牡丹花开、富贵在天”的人生理想。

定海商帮文化是舟山海洋文化的重要组成部分。王克明是个儒商，更懂得饮水思源。1891 年，这位十里洋场的慈善界领袖，为报答母亲养育之恩，回到家乡定海建造了这座豪华气派的大屋为母亲祝寿。

砖雕“紫气东来”的匾额配上麻姑献寿、寿星献桃、状元及第、姜子牙八十遇文王以及一道城墙装饰，表达了他希望家人鹿鹤同春、富贵长寿的美好愿望。

负责任、有良心、守道德，是做人最基本的原则。王家大宅门体现了王克明的为人、为商之道，告诫我们，以诚以信谋利，重义重情举事，让我们坚守信念、不忘初心，书写更加精彩的中国故事，实现中华民族的伟大复兴！

寻访六横老井的故事

吴 革

有人曾将水井比作乡村的灵魂，在没有海水淡化自来水之前，井水是普陀六横岛村民的主要生活饮用水源。千百年来，六横岛潮起潮落，世代岛民农耕渔猎，逐水而居；山溪畔、水塘边，凿地打井，就地取水，于是慢慢地形成一个个村落大小的聚居地。如今，在六横岛的各个村落里，百年古井随处可见，那一口口井不仅见证着六横海岛的发展和变迁，也仍滋润着那片土地和人们的心田。

近日，笔者专程前往六横岛，寻井问水，寻访老井那已远去的故事。

一、逐水而居 凿井取水

六横位于舟山本岛东南部海域，为舟山群岛中第三大岛，由六横、佛渡、悬山、对面山、凉潭 5 个住人岛，以及 30 余个无人岛和 80 个岛礁组成。六横开发历史悠久，北宋熙宁六年（1073）舟山置昌国县，下设 4 乡，六横属于安期乡。“六横山”以岛上有六条山岭逶迤横贯、状如蛇行而得名。六横现仍沿用的大、小教场村说明当地以前是军队的训练教场；500 多年前发生在六横双屿港的故事更是记载了舟山历史上最绚丽多彩，也最为惊心动魄的一笔。

据史载，唐宋时岛上已有先民驻居，元大德《昌国州图志》称为“黄公山”。元明和清初，因遭受倭寇骚扰朝廷勒令岛民遣徙内陆，久居者寥寥。清康熙二十三年（1684），“海禁”开放，朝廷颁发“展海令”后，原遣徙内陆岛民回迁，宁波、台州等沿海各地携船带眷来海岛复垦，来岛上驻居者迅速增加。这些来到六横岛定居置业的先民，依山建屋，挖井取水，逐水而居；以筑塘围涂求生，并以捍卤蓄淡为水利要事。

一边农耕，一边渔猎，自然地形成了从渔与务农、渔业与农业相互交织，共同集聚的独特生产生活格局。

六横岛四面环水，“河与海通，朝潮夕汐，靡日不漫，田禾不登，民无所赖”。旧时六横岛民对水的所求除天雨、井泉外，几无水利可言，内涝、干旱、风暴潮频繁威胁，在与大自然的抗争中形成了对水的崇拜和敬畏，这在六横的地名上得到了充分的体现。目前六横还保留着许多跟水和井有关的一些村名，如凉潭、杨柳坑、小湖、三坑、平岩潭、大井湾、河塘等。

据《六横志》介绍，六横境内有浅井 721 口，坑道井 126 口，其中古井 73 口。六横岛几乎每个村岙里都有古井，在普陀地名志里记载了六横岛目前还保留的古泉、古井，如凉帽潭井、平岩潭井、大潭井、宋家井、小湖庙井、童家岙井、里湾老井、龙泉等，这些井大都建于清末民初。

二、每口井都有自己的故事

有井就有生活，有井就有故事。在五星社区积峙村委会边上，有口井叫积峙庙前井，是一只双口井，井区已经围建起来，约 90 平方米，

建有水泥洗衣池和洗衣板；井口为正方形，1.38 米 ×1.38 米，上面两个井口，下面连成一个井，长 8 米，宽 4.5 米，井深 5 米。沿着井口往下看，能清晰地看到三个层面，最下层井壁为年代久远呈黑青色的石头，往上是青褐色的大石板，最上层为水泥混凝土。

在井边取水的两位大妈向我们介绍起这口井的故事。一位年龄已有 80 岁的大妈告诉说，她是积峙本地人，从她记事起就知道有这口井了，听上一辈讲，这口井是在太公手里挖的，应该有一二百年了。起先这井不太大，只有一个井口。后来村里的人口越来越多，用水紧张。20 世纪 60 年代后期，开展“农业学大寨”时，村里请人用钻井机进行挖深扩造，扩造好后为 3 个井口，水井位置还比较低。后来发生了小孩溺水事件，出于安全考虑，村里又对井进行了加高，并改为 2 个井口。“这井水吃了一辈子了，冬天水里会冒烟，天热阴阴凉凉，水有甜口，用惯了。”大妈这样说。

在水井旁边的一家小店里采访，小店主人刘珊亚，今年 60 岁。她介绍说，积峙村有 1000 多村民，原来用水都是靠村里 3 口井，庙前井为最大。因为积峙村地势好，水源丰富，一般年份都能够满足村民用水需要，但也有遇到大旱的时候。记得 20 世纪 70 年代初有几年特别干旱，村民用水发生了困难，并时有冲突。为解决这一棘手的矛盾，村里研究后，决定对水井进行统一管理，采取发井水票的办法，根据井里的水源和旱情情况，随时进行调整。水源最紧张时每个村民每天只能发到半桶水票，并有专人一天 24 小时在井里刮水。村民们还一致推荐共产党员、退伍军人刘志根为水井管理员，全权负责这项关乎全体村民切身利益的大事，因为大家相信他是共产党员，大公无私。“想想过去水井里发生过的事，好像还在眼前，这些事情后生都不晓得了。”刘珊亚如此说。

三、坑道井之多蓄水量之大在舟山绝无仅有

在六横民间流传这样一句话：“喝了混泥浆，人像大姑娘；喝了山骨水，人像山骨鬼。”乍一听，还不太好理解，仔细想想，“山骨鬼”

在这里应是比喻妩媚妖娆成仙的意思，不由得感叹群众语言的丰富。这句话里所讲的“山骨水”，就是山间岩隙流出的水，也就是坑道井里的水。

六横岛坑道井之多，蓄水量之大，在舟山其他地区绝无仅有。旧时六横的水井均为浅井，容积小，水源靠天然降水补给，遇旱易断水。新中国成立初，广挖水井，也不能满足群众用水需要。据《六横志》记载，1967 年六横遇到一次特大的旱情，当年降水 593.4 毫米，其中 7—9 月仅 44.9 毫米。岛上的井水几乎都“底朝了天”，居民饮水发生了严重的困难，当时的六横各乡镇政府积极组织抗旱，还调度船只到大陆去装水。此后，在当地政府组织下，在驻军部队的大力支持下，六横各地从多方面开发水源，开挖坑道井。1971 年，元山乡对面山岛、六横小湖苍洞，挖坑道井开发基岩裂隙水。坑道井占土地少，井体荫蔽，污染少，水质好，复蓄系数高，使居民饮水困难得到有效的缓解，1972 年起在全岛推广。在近 50 年时间里，六横岛先后共开凿坑道井 126 只，容积 80393 立方米，占六横全岛井水蓄水量的 95% 以上。20 世纪 80 年代初，随着农村小集镇建设的加快，镇乡企业发展，对水量水质需求更高。各镇、乡、村在开发基岩裂隙水的同时，建设自来水供水站，把部分水库水源改作生产、生活用水。至 1992 年，六横岛已有供水站 9 个，日供水能力 600 吨，但也仅仅能满足全岛三分之一人口的生活供水，坑道井水仍是居民的主要饮用水源。

尖山峰坑道井，位于大岙高峰村尖山峰脚下，因各种原因，尖山峰坑道已被封闭起来，几间营房里还摆放着许多纯净水生产设备。在山间遇到一位正在种地的老伯，名叫王昌盛，今年 83 岁。王昌盛向我们介绍说，尖山峰下原来是驻六横部队某营部的驻地，山上坑道打得很深。大约在 1961 年的时候，部队请了六横第四建筑队来打坑道井，就是在坑道里面挖井，坑道井打了半年多时间。这口井深有 4 米，井长 20 米，宽 6 米，井口 3 米 ×3 米，正方形。20 世纪 80 年代末，部队撤防，将坑道井交给地方管理。坑道井水清澈甘甜，附近村民都用这口井的水，

1988年村里办起了饮料厂，后转由个人承包，每天可以生产700多瓶矿泉水供应当地。1998年开始生产桶装纯净水，每天可生产纯净水10吨。因涉及部队营房等因素，纯净水于2018年开始暂时停产。

四、近百位教师是喝着井水走出去的

听说六横平峧社区下面有一个梅峙村，不但有百年古井，近70年来还走出了近百名教师。于是笔者前去走访。

在梅峙村，有40年教龄，今年已81岁的退休教师郭云保，带着我们去实地看村里的古井，并感受浓浓的尊师重教之风。

梅峙村位于六横岛中部的仰天岗山脚下，有三口古井，分别是陆家井、西湾井和郭家龙井。

陆家井由村里陆姓人家所建，建于清道光、咸丰年间（1821—1861），距今约180多年。井深3米，水位1—2.5米。该井井口呈长方形，井圈内壁用块石堆砌，可以看到石块颜色呈多层面，靠近水线旁的壁石上能看见绿苔，说明此井经过多次翻修。外井圈长1米，宽0.8米，内井圈0.7米。

西湾井在梅峙西湾的山脚下，以所在居民点得名。清道光、咸丰年间建。井深4米，水位2.5—3米，井口呈正方形，边长1米，井面水泥浇筑。据当地老人介绍，井水清洌甘甜，烧成开水，锅底一点水垢都没有，周边村岙“做老酒”的村民都会到这口井里来取水。

郭家龙井在村的中心位置，由郭姓人家所建。该井井口呈正方形，井面上砌有四根1米×1米年代久远的老石条，外径0.9米，内径0.8米，水深4米，井圈内壁用块石堆砌。郭云保对郭家龙井特别熟悉，讲起

来如数家珍。他介绍说，该井建于1944年，那年六横遭遇了百年不遇的大旱，大地一片龟裂，庄稼颗粒无收。八月初八那天，几个郭氏孩童在干涸的稻田里捉泥鳅，无意间发现有水源，正汩汩向外冒着清泉，回家便将这一发现告诉了父母。郭氏上下闻讯欣喜若狂，有人认为是龙王显灵，来拯救梅峙。于是郭氏族长率领众人在水源周围开挖水井，完工后取名“郭家龙井”。郭云保说，梅峙村的那三口古井长年不断水，遇到干旱年份，许多外村的人也来取水，现在仍然是村民的主要生活饮用水。

郭云保说，梅峙村向来有“崇文尚义、尊师重教、勤奋好学”的风气，代代相传，大家都感到做教师很光荣。村里不但设立过农民学校，还建过小学、幼儿园。一个只有1000多人口的小村庄，新中国成立以来的70多年里，出了近百位教师。其中，有幼儿园教师，也有大学教授；有普通教师，也有在教育界享有盛誉的名师。

桃李不言，下自成蹊；井水甘冽，滋润心田。一方水土养一方人，这近百位教师都是喝着村里的井水走出去的。

五、“老井新传”彰显和谐生态美

行走在六横岛的各个村岙，处处都能感受到绿意盎然、沁人心脾的宜人气息。驻足峧头山塘边，新安装的景观喷泉，喷出七彩“礼花”迎风怒放。水塘里铜钱草、美人蕉等水生植物组成的生态浮岛，净化了水体，美化了环境。据悉，六横镇已成功列入全省首批100个美丽示范城镇。

据六横镇相关负责人介绍，该镇按照五水共治的要求，紧紧围绕美丽河、湖、井创建工作，实施截污纳管，加强河道水井整治。目前，六横镇已安装了6口污水井，改造嵩山村河周边埠头20个。还在峧头河和峧头山塘安装七彩景观喷泉6座，种植了生态浮岛，以此美化水体景观和提升水质。同时，加快生态清淤工作，对台门中心村河、佛渡大厂跟山塘等13座河湖库塘进行生态清淤，并建立清淤轮疏长效机制，全面改善水生态环境。

嵩山村新建的“和谐富民井”深受群众欢迎。该村根据美丽城镇建设的要求和村民的需求，2012年，在新建居民小区集中点，对老井进行翻新打造，新建了一口“和谐富民井”。井口正方形，周径1.5米，深6米。井口封闭，安装抽水泵，可直接将井水抽到洗水池，方便村民使用。2017年又投资20多万元，对井区进行了改造，井区范围扩大到了300多平方米，用大理石砌建了洗水池，安装了晾衣架；新建了20平方米和50平方米两个水池，将山塘水库水引到水池里，一水多用，布局合理：井水清凉甘洌，可饮用和洗蔬菜；水池供村民濯洗衣物所用；最后，形成的污水流到污水管道里。

结语

水井曾经在六横人的生活中居于重要位置，百年古井遍布六横各村岙。随着农村城镇化步伐的加快，许多水井不同程度地受到污染、损坏，许多历史文化底蕴厚重的古井，甚至被填埋。保护和利用好古井，不单是延续它的功能，更应该通过这些水井，让大家切实感受家乡的灵气，亲近故土，从而“记得住乡愁”。保护古井文化遗产，不仅需要政府部门的重视，也应成为广大群众的自觉作为。

舟山群岛上的仙道传说史迹

周　兴

引言

舟山群岛位于浙江东部东海之中，毗邻钱塘江、长江入海口，由1390座岛屿组成，素以海洋风光、观音文化的自然与人文景观而闻名。春秋吴越时期称甬句东，唐开元二十六年（738）在明州（今宁波）下始设翁山县，下辖富都、安期、蓬莱三乡，宋、元时改昌国县和昌国州，明代一度称舟山，至清康熙年间改为“定海山”。翁山据传因葛洪（葛仙翁）得名，安期乡、蓬莱乡的命名也都与仙人安期生、仙岛蓬莱有关，可见这座海岛城市与中国传统文化中的仙道思想有着密切的关系。

一、传说史迹

顾颉刚先生曾提出过一个著名的观点，他认为：“中国古代流传下来的神话中，有两个重要的大系统：一个是昆仑神话系统；一个是蓬莱神话系统。昆仑神话发源于西部高原地区，燕、吴、齐、越沿海地区形成了蓬莱神话系统。”舟山群岛位于吴越交汇、越地以东海中，民国《定海县志》称：“在昔所谓海中洲，缥缈而不可即者也。内陆之人好谈怪异，称为神仙之都。”自古就有许多关于求仙问道、隐居炼丹之人的神话故事，这些神话在舟山地方志中留下了许多痕迹，并为历代修志者所津津乐道。下文对这些传说史迹依岛名、山名等载体的不同进行分类罗列，以期读者能有一个初步的认识。

（一）岛

1. 六横岛

又名黄公山。据明嘉靖《宁波府志》：“在昌国东海中，黄公以幻术制虎，毙于此山，故名‘黄公山’。”清光绪《定海厅志》有多处记载：“今六横山，一名黄公山，有黄公祠。”“六横山……案《大德志》：‘黄公山在海之南，峰极峭峻。绝顶有石碣，字漫灭，不可句读。或云晋时隐者黄公，善神术，制白虎毙此，故名。’”

2. 普陀山

山名先后有梅岑山、白华山和普陀山等多种，梵语音译为补陁洛伽山。据明代汪镗《重修普陀山宝陀禅寺记》中“普陀山……或云梅岑山，即子真炼药处，因以名焉”，可知梅岑山即普陀山。宋宝历《昌国县志》：“梅岑山观音宝陀寺在县东海中，梁贞明二年建，因山为名。”1995年《普陀志》称明万历三十三年（1605）始有普陀山之称。另参元代《补陁洛伽山传》中“宝陀寺”条，有“在州之东海梅岑山，世传梅福炼丹之所”。梅岑山的名称至少在宋元时就已经有了。

3. 东福山

又称东霍山或东藿山，民国《重修浙江通志稿·地理》：“东藿山，即今之东福山。”

宋宝庆《昌国县志》：“东霍山在东北，环以大海，世传徐福至此山。”宋乾道《四明图经》记：“东霍山在县东北海中，四面大洋……古有仙者隐于此山。”

后来元人吴莱《甬东山水古迹记》：“东南望东霍山，山多大树，徐市住舟于此。土人云自东霍转而北行，尽昌国北界，有蓬莱山。”（图1）

图1 东福山远景（最远者）

4. 桃花山

宋乾道《四明图经》言：“耆老相传：安期先生学道炼丹于此，尝以醉墨洒于山石上，遂成桃花纹。故山号桃花，而乡名安期，实出于此。”

5. 岱山

古称蓬莱，唐代时为蓬莱乡。据宋乾道《四明图经》：“蓬莱山，在县东北四百五十里，四面大洋，耆旧相传秦始皇遣方士徐福入海求神仙灵药，尝至此。”

（二）山峰

1. 翁山

位于舟山岛南部，临城油岭南侧。清康熙《定海县志》称翁浦山、翁海山，相传徐偃王曾驻师于此。又传葛仙翁在此山中炼丹。唐建县时即以此山名县。雍正《宁波府志》中略同。

清光绪《定海厅志》记载：“一名翁州山，县东三十里，徐偃王所居也。……《宝庆志》按《康熙志》，翁浦山又名翁州山，引《成化志》云：‘葛仙翁炼丹药于此。’曹伟皆云：‘翁州，因葛仙翁得名。’”

2. 双髻山

又称双髻山、双髻尖或双峰尖。位于舟山岛中侧南部，清康熙《定海县志》载：“双髻山，县北十里，有二峰如髻，矗立天表，诸山环绕，为县治之主山，相传葛稚川炼丹处。”另雍正《宁波府志》中作双髻山。

3. 葛仙峰

又名仙人山、三仙山。位于大丰镇东北，为金塘岛最高峰，海拔455.9 米。清康熙《定海县志》载：“三仙山，相传即葛稚川、陈禅师、金信郎讲道处。”

《定海厅志》引元《大德志》和明《成化志》，称：“在州之金塘乡，一潮可至。葛仙翁、陈禅师、金信郎同憩此山。山巅产桃一株，华而不实。旧有三仙堂遗址。犹存仙翁炼丹井，亢旱亦不枯。”

4. 炼丹峰

在普陀山几宝岭。明万历《重修普陀山志》记为：“在几宝岭，梅福尝炼丹于此，有‘梅公鼎’。”清代朱谨《南海普陀山志》载：“在几宝岭上，相传羽客炼丹于此。下有仙人井，旧志称子真。”

5. 梅岑峰

在普陀山达摩岭右，南山最高处。相传汉梅子真隐修此山，林石幽秀，下有丹井，清波泓然，不旱不竭。方长生主编的《普陀山志》言：“峰间有梅福庵，庵后尚存梅福修炼遗址灵佑洞。”

6. 会仙峰

又名天柱峰，在普陀山梅岑峰东南、磐陀石下。群石如柱，挺拔高耸，仿佛诸仙聚会。清代裘琏撰《南海普陀山志》：“相传安期、羡门鸾参鹤驭，仿佛来游也。”

7. 安期峰

位于普陀区桃花岛，山名对峙山，海拔540米，为舟山群岛最高峰。相传安期生隐居处的“安期洞”即在此山。

（三）湾

梅湾

在梅福庵侧，传说同样得名于梅福。

（四）庵

梅福庵

《普陀山志》言位于普陀山梅岑峰巅，又名梅岑庵、梅仙庵。相传西汉时南昌尉梅福曾在此隐居，故名。明万历间普陀寺住持如回创建，清康熙间改成梅岑禅院，光绪元年（1875）复名梅福庵。《定海厅志》：“今补陁梅湾有梅福庵，相传以为福炼丹处。”（图2）

图2 梅福庵

（五）洞

1. 安期洞

关于安期生隐居仙洞的传说，志书中有几处不同的地点，一为嵊泗县马迹山和马秦山（今沈家门西南马峙岛）。《昌国州图志》：“马迹山，在东海之东北，安期生之洞在焉。”宋代《乾道图经》：马秦

图 3 桃花岛安期洞

山有安期洞，耆老相传“安期生得道隐此”。又尝炼丹于桃花山。曾以醉，墨洒于山石上，遂成桃花。奇形异状，宛若天然。故山号桃花，而以安期名乡焉（出《定海厅志》）。此外，还有一处位于普陀区桃花岛，在对峙山西面海拔 482 米处，现普陀区级文物保护单位圣岩寺内。（图 3）

2. 炼丹洞

位于普陀山梅福庵后侧，又名灵佑洞。洞壁凿有水潭，洞内供奉梅福塑像，“灵佑洞”额为清代吴瞻泰所书。（《普陀山志》）

3. 单奇洞

据《康熙志》，“县北三十里，马岙中峰山之椒。相传昔有单奇修道于此，知者挟之，操炬入洞，不知所往”。《定海县志》将单奇年代推定为东汉末年三国吴初。

（六）井

1. 仙人井

在普陀山几宝岭下。清代裘琏《南海普陀山志》写道：“从岭麓下坪……有石窟，入窟寒气侵人，虽酷暑不可久居。沙土中有孔如斗，注泉不竭，名仙人井。……子真、稚川，不可得辨矣。”方长生主编的《普陀山志》有所补充：“传方士安期生卖药东海边，曾渡海七上普陀，山上现有‘仙人井’遗迹。”“井在洞中，深 3 米余，口径约 80 厘米。外砌墨檐黄墙，上遮虬枝老树。……井壁有龛，供观音菩萨，左奉龙王，右奉安仙人（安期生）。”（图 4）

2. 梅福井

又称为炼丹井。传梅福避王莽祸，来山择穴隐居，采药炼丹，济

图 4 仙人井

民于世。后人取山名为梅岑，立祠祭祀，今存遗迹于梅福庵灵佑洞前。

3. 葛洪井

在全国文物保护单位普济寺内的烟霞馆旁。“方广丈许，相传葛仙翁炼丹之井。”（清裘琏《南海普陀山志》）“传葛洪来山，居仙人井炼丹，今普济寺内存葛仙井遗迹。方广 3 平米余。”（《普陀山志》）

二、仙道事迹

以上留存的仙道史迹，其相关的仙道如安期生、梅福、黄公等人的传说，基本是汉代以后开始在民间流传，神仙传说故事基本最初都出自正史，经后代文人或道士一步步将故事情节演绎，才充实而鲜活起来的。

（一）安期生

文献中关于安期生的记载，《史记》中有几处，如下：

“少君言上曰：‘臣尝游海上，见安期生，安期生食巨枣，大如瓜。安期生仙者，通蓬莱中，合则见人，不合则隐。’于是天子始亲祠灶，遣方士入海求蓬莱安期生之属……”（《封禅书》）

“（栾大）大言曰：‘臣尝往来海上，见安期、羡门之属。’”（《孝武本纪》）

“河上丈人教安期生，安期生教毛翕公……”（《乐毅列传》）

传汉代刘向所著《列仙传》，其中有更传奇的记载，为：

“安期先生者，琅琊阜乡人也。卖药于东海边，时人皆言千岁翁。秦始皇东游，请见，与语三日三夜，赐金璧度数千万。出于阜乡亭，皆置去。留书以赤玉舄一双为报。曰：‘后数年，求我于蓬莱山。’始皇即遣使者徐市、卢生等数百人入海。未至蓬莱山，辄逢风波而还。

立祠阜乡亭海边十数处云。”

元赵道一《历世真仙体道通鉴》“安期生”条对以上各种材料进行了综合。

（二）黄公

梁萧统《文选》言“东海黄公，赤刀粤咒，冀厌白虎，卒不能救”。东海黄公的形象，最早出现在东汉张衡的《西京赋》中，之后晋代《搜神记》和《西京杂记》使这一形象更加充实，但应该是后者在前者基础上进行了文本扩充。

“鞠道龙善为幻术。尝云：‘东海人黄公，善为幻，制蛇御虎。常佩赤金刀。及衰老，饮酒过度。秦末，有白虎见于东海，诏遣黄公以赤刀往厌之。术既不行，遂为虎所杀。’”（《搜神记》）

“余所知有鞠道龙，善为幻术，向余说古时事：‘有东海人黄公，少时为术，能制御虎蛇，佩赤金刀，以绛缯束发，立兴云雾，坐成山河。及衰老，气力羸惫，饮酒过度，不能复行其术。秦末，有白虎见于东海，黄公乃以赤刀往厌之。术既不行，遂为虎所杀。三辅人俗用以为戏，汉帝亦取以角抵之戏焉。’”（《西京杂记》）

明代刘伯温《郁离子》中，将安期生和黄公两人关系进行串联，为：“安期生得道于之罘之山，持赤刀以役虎，左右指使进退，如役小儿。东海黄公见而慕之，谓其神灵之在刀焉，窃而佩之，行遇虎于路，出刀以格之，弗胜，为虎所食。”

《六横镇志》认为其名庇，不知何据。为秦博士，生卒无考，传隐居东海六横岛。还引《六横志》记载：“晋，有隐者黄公，毙白虎于六横。”其人或言秦人，或说晋人，文献记载也扑朔迷离。

（三）徐福

又写作徐市，以秦始皇时渡海求仙著名。据《史记》：

“（始皇二十八年）齐人徐市等上书，言海中有三神山，名曰蓬莱、方丈、瀛洲，仙人居之。请得斋戒，与童男女求之。于是遣徐市发童男女数千人，入海求仙人。”（《秦始本纪》）

“（三十七年）方士徐市等入海求神药，数岁不得，费多，恐谴，乃诈曰：‘蓬莱药可得，然常为大鲛鱼所苦，故不得至，愿请善射与俱，见则以连弩射之。’”

“（伍被曰：）‘又使徐福入海求神异物……即从臣东南至蓬莱山，见芝成宫阙，有使者铜色而龙形，光上照天。……秦始皇大说，遣振男女三千人，资之五谷种种百工而行。徐福得平原广泽，止王不来。’”（《淮南衡山列传》）

《历世真仙体道通鉴》言其表字君房，入东海寻访传说中祖洲上的不死之草名“养神芝”者。

《定海厅志》引《康熙志》：“盱眙人。尝为始皇侍直。因得请，以童男女五百人，入海求长生药。”其籍贯、官职不知何据。

（四）梅福

其人事迹见于《汉书》和《资治通鉴》。梅福，字子真，九江寿春人。曾任南昌尉，汉成帝时外戚王氏专权，梅福曾多次上书。“至元始中，王莽颛政，福一朝弃妻子，去九江，至今传以为仙。其后，人有见福于会稽者，变名姓，为吴市门卒云。”

除正史外，《道藏》中所收《梅仙观记》对梅福的事迹、成仙经历有较多的叙述，还涉及宋代元丰、绍兴年间分别加封寿春真人、寿春吏隐真人封号，可作梅福其人生平之补充材料。其中的《梅仙事实》章节是目前所见唯一较为系统记述梅福修炼成仙过程的资料，可考知梅福东汉时被神化、宋代形成民间崇拜的过程。

（五）葛洪

葛洪生平详载于《晋书》。字稚川，号抱朴子，丹杨句容人，从祖为仙公葛玄，葛玄传郑隐，郑隐传葛洪。葛洪为东晋时著名道士，曾任句扁令，晚年隐居罗浮山炼丹，“博闻深洽，江左绝伦”。著有《抱朴子》内、外篇及《肘后要急方》等，是我国古代化学、道教思想和传统中医理论的重要人物。

光绪《定海厅志》“仙释传”有云：“葛洪，字稚川，高密人。

东晋时有仙术，著《抱朴子》，人称为葛仙翁。曾炼丹山中，遗有铜鼎一，无足而有耳，耳亦不穿，中可容斗余，而底之埃墨犹在。乾道间耕者于其下得之，疑即炼丹遗器。后人因名山为翁山。”

在方志中还存在葛玄和葛洪的争议，如光绪《定海厅志》按语认为翁州由来应自仙翁葛玄，《舟山市定海区地名志》把翁浦、翁山的由来也指向葛玄。但根据元代吴莱《望马秦、桃花诸山，问安期生隐处》诗中“岂无抱朴子，去我乃若遗。空余炼药鼎，尚有樵人知”，显然当时人认为应为葛洪。

三、仙道信仰的可能来源

“梅福留丹赤如橘，安期送枣大于瓜。”（元代盛熙明《同游普陀》）神仙传说故事当然是一种虚无缥缈、无从考证之事，但是我们可以根据民间流传，探讨这种信仰的产生及播散，对研究当时、当地民间宗教信仰体系有很重要的意义。

舟山天然孤悬海外、远离大陆的地理环境，自然而然地吸引了早期寻仙问药、烧鼎炼丹者的向往与青睐，令后世文人发出“安期何日去？梅福几时还”的感慨，同时形成了这些悠久的仙道传说和神话故事。分析仙道信仰的起源，笔者认为可以从以下几方面入手。

（一）自古以来的海仙思想

正如葛兆光在《古代中国——道教的修炼、仪式和方法》文中所言，“道教相较于儒家学说，更能够深入普通民众，体现一般人的全部理想，即对永恒生命的向往、对幸福生活的追求”。作为组成道教思想之一的神仙思想当然也有这样的理想。在我国上古时期以来的许多书籍中都有关于海上神山、海仙等的描述，如《山海经》《十洲记》和《博物志》等，充满了对长生不死的孜孜以求和对神仙世界的无限憧憬。如《十洲记》中就描写了在东海瀛洲上能够令人长生的泉水、东海祖洲使人复活的芝草等。

有了海仙思想，必然还要有一群人去践行这种思想。《史记》中多记载有战国和秦汉时期的燕、齐求仙方士，如卢生、李少君等人，其他的如本文前述的安期生、徐福、黄公，在史料文献中也都是与海洋相关的方士，安期生更是海上仙人或蓬莱仙的主要代表。

（二）舟山本地自然景观

舟山境内皆为岛屿礁石，古时受限于航行条件，入海还会遭受海上恶劣气候、季风等的影响，早期大多数人是不容易到达这些岛屿的，或者是即使到达了也不能够说清是何岛。但至少在晋代，如葛洪《抱朴子》中关于采药，提出“若不得登此诸山者，海中大岛屿，若会稽之东翁洲、亶洲、紵屿……”显然对舟山已经有所认识。海岛地区因地质变迁，出产的一些大陆地区没有的植物，形成的许多天然洞穴……都会让初次到来的人们产生兴趣。加之云雾缭绕时的海岛风光和风急浪高时的避风港湾，从视觉和心理上都必然会与海上仙山产生关联。

（三）宋代及之后移民

信仰要必须依赖人群。笔者对安期生、梅福、徐福等几位仙道的神话流传范围进行资料搜集后，发现他们的传说不仅在舟山流传，梅福的传说还出现于江西、福建、湖南、安徽、江苏等省方志中，浙江省内绍兴、宁波等地也都有梅福传说；安期生的传说更是在山东、安徽、广东等地都有较广泛的流传，且由仙、人两分到仙人合一，传说的核心在宋前已经定型；徐福东渡传说除渤海湾一带外，浙江慈溪、象山也都有此传说。神话传说范围的广泛分布，自然会将关注点转向人口流动，这也是笔者认为舟山仙道传说流传最重要的一个因素。

历史上受到海禁政策、倭寇侵袭和渔业活动等因素的影响，舟山人口流动较大，明朝洪武，清顺治、康熙等时期曾先后有过几次移民活动，而且根据相关记载，其实早在南宋宝庆年间就已经有福建等地居民迁来舟山定居，并繁衍后代，只不过以明清时期规模更大。

关于舟山外来移民的来源，以定海区为例。根据《定海县志》统计，至清代以来浙江省内的以宁波镇海居多，鄞县、慈溪次之，外省有福建、山东和河南等。这与其他研究者如陈辰立在《明清传统时代大东海渔业活动对岛屿的利用》一文中提出的“受到鱼汛吸引，闽南、粤东等地渔民在明中叶以后因各种原因留在了浙江沿海，促进了海岛地区的开发”的观点基本一致。

综合以上三方面因素的分析，本文同意肖隆中、王颖“大陆移民带来了自己的故乡信仰，再与海洋海岛的生产生活方式结合，就形成了适合海洋海岛生存方式的多种海洋民间信仰”这一观点（见《舟山群岛海洋民间信仰的特征及意义》）。但笔者同时认为，基于仙道神话的传播范围之广，舟山群岛上这些传说的流播更应该具有一种复杂多向的传播特点。比如梅福信仰基本在南方地区，因此大概是绍兴、宁波较近区域或从其他地区经移民传入，传入时间约在梅福崇拜有较多民间群体的宋代之后；而安期生、徐福故事最早是在山东半岛、燕齐故地发源，有从北部传来的迹象；葛洪生平基本可考，著作也有传世，其早期活动区域在长江下游一带，或为就近传入；相比而言，东海黄公的原始文献较少，对他所处朝代记载也有冲突，无从考知黄公传说的流传演变。但无论如何，这都与宋代以后的母亲神灵——妈祖、临水夫人信仰从福建由南向北的单向传播方向是完全不同的。

结语

基于传统海仙思想，加之宋代后大量移民迁入等因素综合作用，舟山群岛上以普陀山为代表的诸多岛屿流传下来了安期生、梅福、徐福等人的神话传说和相关史迹。这些仙道故事的传入，具有一种随移民群体不同而显现出复杂多向的传播特点，也正是由于这种“复杂多向”，最终造就了舟山海岛地区兼收并蓄的海洋文化信仰。

蚂蚁岛人民公社旧址

战国辉

2020年6月11日，我又一次来到普陀区蚂蚁岛。对我而言，蚂蚁岛不算陌生，之前的工作经历中，数次登临这座悬水小岛。整体的感觉是，地如其名，小如蚂蚁。初见毫不起眼，细观内涵丰富。

这里的一处不可移动文物、全国第一个渔业人民公社——蚂蚁岛人民公社旧址，已经被列为区级文物保护单位。几年前，我曾作为讲解员，带领数批参加文化遗产零距离体验活动的市民来此参观学习。这座房屋建于1956年，坐西朝东，占地面积约442平方米。通面阔七间，通进深9.15米，人字形木结构梁架。单檐硬山顶，屋面盖小青瓦。南面山墙中间设二扇木头玻璃大门，大门两侧各砌一根方柱，门额上题刻“人民公社”四个大字和一颗鲜艳的五角星。入口处横立一块石碑，由原舟山地委书记王裕民亲笔题写“蚂蚁岛人民公社旧址”。蚂蚁岛人民公社是全国第一个渔业人民公社，在特定的历史时期具有特殊的历史意义，更有深刻的精神内涵。

奠基于新中国成立初，定型于改革开放，传承至今的蚂蚁岛精神，已经成为当地经济社会发展的软实力和金名片。我对蚂蚁岛精神的理解，主要有以下几个方面：

一、筚路蓝缕以启山林的奋斗精神。新中国成立之初的蚂蚁岛，居民基本为渔民，环境恶劣，生活困苦。在耕地资源匮乏、渔船陈旧落后的条件下，英雄的蚂蚁岛人民在党和政府的领导下，斗志昂扬，自力更生，克服自然条件恶劣、生产要素匮乏的先天不足，不畏艰难险阻，修造海塘，开垦农田，治理环境。先后建立了舟山第一个渔业生产互助组和全国第一个渔业人民公社。成为新中国农村脱贫创业的先进典型，充分体现了白手起家、艰苦创业的深刻内涵。

二、前人种树后人乘凉的奉献精神。蚂蚁岛前辈居民目光长远，在着力渔业生产的同时，以女性为主力修造海塘，这在当时是一项艰巨异常而且短期难以见效的浩大工程。一方面工程量大，工期漫长；另一方面围垦的滩涂盐碱度高，需要较长的净化期才能成为耕地。在没有现代化机械设备、男性劳动力出海捕鱼作业的情况下，从开山凿石到运输砌筑，全部都要依靠岛上妇女的人力完成，其艰难程度可想而知。但蚂蚁岛上的妇女同志们以功成不必在我、功成必定有我的精神大干苦干，仅用一年半左右的时间即修建完成一条国标海塘，为新时代蚂蚁岛规划、发展奠定了坚实基础。数十年过去了，当年的艰苦奋斗，为今天的蚂蚁岛抵挡了狂风巨浪的侵袭，当年的盐碱滩涂也已变成百亩良田，使得土地贫瘠、瘦弱不堪的小蚂蚁成长为肌肉丰满的蚂蚁王，是一座有文化、有精神、有产业、有味道的精致小岛。之所以有今天的成就，很大程度上得益于前辈岛民颇有远见的布局和开拓。

三、对标城市科学规划的人文精神。在舟山的众多小岛中，蚂蚁岛是较早进行空间规划的典型。岛上生产生活区域划分和道路、景观、住宅的布局，都经过了科学缜密的规划，避免了杂乱无章、无序发展等小岛通病。蚂蚁岛森林覆盖率接近50%，绿化面积达60%。生产、生活分块布局，联系紧密。房屋井然有序，道路宽阔笔直。这种科学、超前的规划，使得蚂蚁岛以微小的体量构建起一座海上微型城市，符合人民群众对美好生活的需求，渗透着追求美好生活又与自然和谐共生的人文精神，堪称践行“两山理论”的海岛样本。

小蚂蚁，大力量。小岛屿，大智慧。每次来到这里，都会有新的感悟和收获。短暂的学习之旅已经结束，它带给我们的震撼、感动和激励，将伴随我们走过漫长的历程，如滔滔东海水，滋养着一代又一代奋斗者阔步前行。

舟山市文物保护点存在的一些问题及解决对策

战国辉

为落实定期巡查制度，切实保障文物安全，舟山市文物部门多年来坚持安全责任高于一切，定期组织业务人员，对辖区内的各级文物保护单位、文物保护点及未定级文物进行彻底的安全巡查。现结合市级文物保护点的巡查工作，就其中发现的现象和存在问题谈一些体会。

一、舟山市市级文物保护点的基本情况

全市现有市级文物保护点34处（33处为2001年公布，1处为2012年6月公布），主要分布于定海城区，个别位于竹山、东岳山、盐仓青岭一带。按照文物的类别划分，有古建筑19处，主要为古代民居、祠堂、古井和宗教建筑；近现代重要史迹及代表性建筑12处，主要为民国时期所建的传统民居和文教场所；战争遗迹3处，其中古墓葬2处（抗英阵亡烈士墓群、侵华英军合葬墓），古遗址1处（东岳山抗英遗址）。

二、市级文物保护点保存现状、存在问题及其原因

1. 损毁情况量多面广，自然人为皆有影响

此次巡查的全部34处市级文物保护点中，出现的问题主要有本体受损、面貌改动、乱堆杂物、消防隐患、电线混乱、屋顶漏雨和环境卫生等几类问题。具体情况统计如下页表：

舟山市 34 处市级文保点安全情况统计表

分类指标	本体受损	面貌改动	乱堆杂物	消防器材	电线混乱	屋顶漏雨	环境卫生
影响数量（处）	13	9	12	10	7	2	3

备注：因部分文物受多种因素影响，故统计数量大于文物保护点总数。

在上述指标中，本体受损主要体现为整体沉降、墙体开裂或倾斜、木结构遭受风雨剥蚀或白蚁危害、屋檐脱落、瓦片松动以及不合理的装修、维修造成的人为伤害；面貌改动主要指私搭乱建、擅自增开门窗、维修中以水泥代替原有石质构件、廊轩改为房间等；乱堆杂物主要指在公共空间随意堆放自行车、废旧家电及桌椅板凳甚至是燃料木材等杂物，或造成格局混乱，通道狭窄，或存在重大的火灾隐患；消防器材方面主要是灭火器材数量不足、设备陈旧，个别发现有火盆、煤球炉等明火，管理不规范；电线混乱指电器设备管理不规范，电线未按要求作穿管处理，或是私拉乱接敷设混乱，有如一团乱麻。个别文物点内十余户杂居，仅有两个入户接线口，广泛使用空调、热水器、电水壶、电磁炉等大功率电器，已经发生过因超负荷导致的电闸爆燃，焦黑痕迹尚在，安全隐患极大；环境卫生方面，发现个别民居内果皮等生活垃圾随意丢弃。在文物点城隍庙照壁，周边环境较杂乱，旺盛的香火导致文物表面被熏黑。

2. 产权归属纷繁复杂，维护措施难以开展

从 34 处市级文物保护点的产权归属情况来看，有属于国家的、集体的、个人的，也有多种情况并存的。涉及政府部门、街道社区、驻

舟军队及经营商户、普通居民等。这种情况的出现，往往有其复杂的历史原因。在全市各级文物保护单位、文物保护点中广泛存在，也为相关文物的管理、维修、保护和利用增加了一定的困难。

例如，位于太保庙弄的孙举人住宅，建于清代晚期，原为晚清最后一位定海籍举人孙尔瓒的宅邸，规模庞大，基本建设现仅存一进三间房屋。虽然仅余部分，但仍具有一定的历史文化价值。新中国成立后因办公、驻军等需要，此类房屋一度充公，后逐步采取原物返还或资金补偿等方式落实政策。孙举人住宅产权纠纷导致该文物的管理和维护工作停滞不前，将其修缮并作为舟山历史名人故居的计划也只能搁浅。

3. 文物用途多种多样，管理维护情况迥异

市级文物保护点中，一部分保存较好，主要有三类：其一为中营衙门井、两眼井等井泉池塘。作为沿用至今的公益设施，整体状况均比较好；第二类为旧时民宅现用作公用场所的，如王家住宅（王克明老宅）、朱家住宅（朱占山老宅）、刘鸿生故居，或是作为老年活动中心，或是经过文化部门规划布展，成为名人纪念场所，日常管理、维护都比较到位，巡查过程中未见明显问题。只是局部外立面油漆风化开裂，需注意维护；另一类为产权明晰，尤其是使用人即为产权人的私有住宅，房屋的整体面貌、保存状况都比较好，发现问题和安全隐患也都能够得到及时的解决。

问题相对突出的是产权单位与使用者不同，且使用者众多的居住用房。例如，位于石柱弄的陈氏家祠，该建筑原为当地陈氏家族的祠堂，现用作出租房屋，形成大杂院。文物部门

在对其进行巡查时，发现了比较多的问题，主要有：院内杂物较多，且多为可燃物，灭火器数量不足，且未做及时更新；局部内外面貌均有改动；外部墙体明显损毁，尤以正门两侧墙头严重，局部已垮塌，墙头装饰大部分

已损毁。正门两侧有经营性临时建筑，是否属违章情况待查。电线杂乱，与周围树木交叉，隐患明显。之所以出现如此多的问题，究其原因，就在于产权单位与使用单位（个人）不同，出现问题时，因权责不清，各方往往对文物的损毁互相推诿，或爱莫能助，或听之任之。

又如位于昌国街道留方社区的金性尧故居，为清晚期建筑。金性尧（1916—2007），当代古典文学家、民进上海古籍出版社支部主任、一代文史大家、资深出版人，与季羡林齐名，被誉为“南金北季”。金性尧1916年于此出生，并在此一直居住到1937年抗战爆发才迁到上海。巡查中也发现了许多问题：房屋墙体表皮脱落，局部开裂，缝隙较大；屋顶长满杂草，瓦片松动；灭火器陈旧，压力过大；正厅内堆满易燃杂物，生产、生活用火未能规范管理；卷棚轩椽子及横梁等木结构腐烂严重，已威胁到建筑的整体稳固性和安全性。位于前府街的吴家大院也存在类似的问题，该房屋具有多个产权主体，产权人将其简单分隔后出租给众多房客，这些使用者来自不同层次，对文物的保护缺乏意识也没有能力开展。历次巡查过程中，市文物部门帮助屋主与市白蚁防治部门联系沟通，解决白蚁危害。

三、整改建议及相关对策

针对上述问题，笔者认为，应从以下几方面着手进行整改：

第一，明确权责，提高认识。当前，随着国家经济社会的飞速发展，尤其是文化旅游产业的不断壮大，社会各界对文化遗产保护的关

注度和认知度正在逐步提高。党的十八大以来，习近平总书记对文物保护工作的批示、指示次数之多，频率之高都是空前的。从中央到地方，从政府到民间，对文物保护的重视程度都达到了前所未有的高度。然而，文物保护工作仍然存在着诸多现实问题和矛盾，尤其是涉及产权和使用情况比较复杂、日常维护的资金和技术成本相对较高的文物，常常出现个别产权所有者只管获取利益，不管文物安全，使用单位（个人）有心无力或不愿投入，致使文物不仅没有发挥其真实价值，而且成为城市文明的死角，脏乱破的棚户区、大杂院。解决这些问题，需要文物部门的检查督促，但更迫切的是需要相关产权单位和使用单位（个人）提高对文物保护工作的认识，切实加强保护力度。

第二，及时整改，清除隐患。相关责任单位和个人应在提高安全意识的同时，真正落实日常安全规范，采取适当有效的措施，及时消除不可移动文物的各类安全隐患。对寺庙、民居等消防隐患突出的区域，要严格管理明火的使用，梳理私搭乱接的电线，清除公共空间堆积的各类杂物，尤其是可燃物、易燃物。疏通消防通道，足额配备灭火器材。对于已经配备的手持灭火器，在正常使用期限内的要定期年检，及时更新。

第三，落实责任，积极维护。涉及文物保护的各方应在充分沟通、协调的基础上，加大资金投入，依法依规、严格按照相关程序对文物进行合理的修缮维护。产权单位和使用者作为利益攸关方，应切实履行各自责任，确保文物古迹的妥善保存和利用。

当今社会，文化作为凝聚力和创造力的源泉，作用越来越直观，对一国、一地综合竞争力的影响越来越凸显。文物是重要的不可再生的文化资源，是传统文化的物质载体。习近平总书记指出：“保护文物功在当代、利在千秋。各级党委和政府要增强对历史文物的敬畏之心，树立保护文物也是政绩的科学理念，统筹好文物保护与经济社会发展，全面贯彻‘保护为主、抢救第一、合理利用、加强管理’的工作方针，切实加大文物保护力度，推进文物合理适度利用，使文物保护成果更多惠及人民群众。”指示精神落实到文物保护的具体工作中，就要求各级党委、政府提高法治意识和使命意识，坚持贯彻总书记强调的“十六字方针”，以更加积极主动的姿态开展文物保护工作。对于文物部门而言，更要落实总书记所作的“各级文物部门要不辱使命，守土尽责，提高素质能力和依法管理水平，广泛动员社会力量参与，努力走出一条符合国情的文物保护利用之路，为实现‘两个一百年’奋斗目标、实现中华民族伟大复兴的中国梦作出更大贡献”的殷殷嘱托，加大对文物的监督巡查、规范管理和争取资金投入的力度，提高安全防范能力。同时，也需要城乡建设、空间规划、财政等相关部门及军队方面一如既往地给予支持和配合。只有各方通力协作，才能真正做好文化遗产的保护和利用工作，为建设物质富裕、精神富有的舟山群岛新区提供强大的精神动力和第三产业开发资源，真正做到“让收藏在禁宫里的文物、陈列在广阔大地上的遗产、书写在古籍里的文字都活起来”。

普陀山洪筏房、下法如庵建筑“本土化”“民俗化”的文化探究

翁源昌

庵堂是一种从属于寺院的佛教建筑。普陀山庵堂不少曾是达官贵人、文人墨客居住或驻足之地，故而又有一种特别的人文色彩，让人感受到海天佛国深厚的文化魅力。普陀山庵堂建筑，其形制、装饰呈本土化、民俗化特征，尤其是山门（庵门）建置形式、梁枋木雕图案与舟山传统民居有许多相似之处。本文以洪筏房、下法如庵等为例，对其“本土化”“民俗化”的文化特性进行阐述。

一、洪筏房山门的“本土化”建制

山门，即佛教寺院大门之称，源于传统的“三门”，即空门、无相门、无作门，象征三解脱门。在古代，为避开市井尘俗，求得清静之地，寺院常建于山林之间，故有了山门之名。普陀山庵堂山门（庵门）建置形式与舟山传统民居宅门有许多相似之处，如洪筏房。

1. 洪筏房的建筑历史

洪筏房，又名洪筏堂，现名“洪筏山庄”，位于普陀山香华街105号，旧属普济寺东寮。据王连胜主编的《普陀山大辞典》《普陀洛迦山志》等文献记载，洪筏房是普陀山庵堂中建造历史较早，建筑规模较大的一个庵院，明万历间由僧如定建，万历末普济寺住持天真（名海相）于堂外另建善法堂，后并入洪筏堂。清康熙间僧圣恩重建，嘉庆间，十六世孙贤良修。光绪间，十八世孙慧源建方丈室，徒润涛、愿来重建大殿及廊庑。僧贤良、慧源，《普陀山大辞典》有记，贤良，出家于普陀山洪筏房，后任庵主。慧源（1841—1898），12岁跟母郑氏朝普陀山，不愿还乡，投洪筏房余庆公出家。光绪六年（1880），应天童寺请，主持弘法寺。期满回山建丈室3楹。光绪十七年，任普济寺住持。光绪二十年退居洪筏禅院。历史上，有多位达官名士为之题额，使得洪筏房闻名遐迩。清光绪年间，工部尚书、武英殿大学士潘世恩题“法海慈航”额，第七十六代衍圣公孔令贻题“洪筏古刹”额。民国初，总统黎元洪题“清华朗润”额，总统徐世昌题“炎峤慈云”额。

2. 洪筏房的山门特色

洪筏房的山门（庵门）为牌楼门形式，这与舟山民间所称呼的“门楼”“台门”传统民居随墙门，形制上基本相同。舟山现存的清代、民国时期的传统民居，有不少宅门采用的就是清水脊翼、门面精雕细琢的随墙门。这种随墙门门楣装饰十分讲究，飞檐高翘，雕镂精巧，进深和高度上凸出于墙垣。如定海东管庙51号的王家大宅、白泉镇金山村陈家老宅、马岙唐家老宅、金塘大鹏岛胡家大院等。

洪筏房的牌楼式山门（庵门），同样是在宅院外墙上设门框，门楣上作砖雕雕饰，屋顶施飞檐翼角。洪筏房山门是用灰色的厚实硬石条作为门框，横直石条转角处置青色石雕，左为一鹿一蝗石雕，形象生动，妙趣横生，象征功名利禄，飞黄腾达。右刻两只引颈顾盼的仙鹤，神采奕奕，栩栩如生，有长寿、闲适之喻。山门门楣装饰主要由上、中、下三枋构成，上枋为长短间隔的五个长方形镜框，正中间为一幅山水砖雕，山环水绕，意境深远。两边小长方形镜框雕饰杂宝图，其中左框砖雕二枚芭蕉叶，形态逼真，象征子承大业（叶与业同音）。上枋左右二框雕的是陡峭的山峦、苍劲的古柏以及嘉木奇树，雕饰原始古朴。中枋为字碑枋，是整个门楼的视觉重点，由三幅镜框式雕饰组成，中间是长方形镜框，上书“洪筏禅院”四个大字，这是著名佛教居士王震所题。王震（1867—1938），又名一亭，字觉器，自号白龙山人，浙江吴兴人。民国四年（1915）夏抵达普陀山进香，访太虚法师于锡麟堂关中，以诗持赠。后几次来到普陀山，留下不少墨宝。中枋左右两边正方形镜框，有吉祥花卉雕饰。门楣下枋为一条正面朝前，两翼飘逸，身披锦绣之龙。

与此同时，上中下三枋每枋上下皆饰以卷草、拐子龙纹，典雅端庄。洪筏房山门滴水檐下有砖雕牌科，只可惜损坏比较严重，形状已不甚清晰。牌科之下，还有一整排石榴雕饰，构图饱满，勾描细致，石榴籽粒多且丰满，在民间象征多子多福、金玉满堂。上枋与中枋之下还设有四个类似于望柱头的装饰，其中上枋之下的望柱头上是活泼可爱的小狮子雕像，这种望柱头设置是舟山传统民居所少见的。纵观整座山门，运用了多种砖雕和石雕手法，图案内容之多、雕刻技艺之精，则为民间传统民居所仰望模仿。

普陀山庵堂山门建制除了牌楼门形式之外，还有一种门屋形制，也与舟山传统民居屋宇式宅门基本相同，这种门屋形制一般为面阔一间，前后各有廊檐，大门前两边常以花岗岩石雕刻做成墙脚，前檐山墙上有木雕梁枋，如药师殿、普慧庵、广福庵等。

二、下法如庵门头枋的“民俗化”木雕

1. 下法如庵的建造历史

下法如庵，位于普陀山普济寺东横街北，是普陀山难得一见的老庵堂，2011 年被列为浙江省省级文物保护单位“普陀山文化景观”之一。据王连胜主编的《普陀洛迦山志》所载：下法如庵，旧名法如堂，为普济寺东寮。清康熙间僧海初居之，六世孙心惺重修。同治间毁于火。光绪间僧化妙重建。

百余年来，沧桑变故，风风雨雨，下法如庵历尽磨难，然其现存建筑，还是能够让人领略百年前普陀山庵堂的建筑风貌。下法如庵，曾有殿宇 59 间，现保存的前后二院，结构完整，在建筑体式上，如同传统民居的三合院院落形式。正大殿，面宽三间，高大宽敞，梁枋等木构件皆施雕琢，佛教意蕴深厚。

2. 下法如庵的门头枋雕饰

下法如庵正大殿前檐卷棚轩下，有一整排门头枋，其雕饰尤其引人注目。正大殿每间门头枋各有三幅木雕图案，以中间一幅为主体，寓意上各有侧重，木雕图案的民俗文化非常浓厚。

大殿正中间门头枋木雕，正中一幅图案雕的是两对一大一小的狮子和骏马，中间的小狮、小马，欢快跳跃，左右两边的母狮、母马，笑容可掬，回眸相顾，舐犊深情呼之欲出。狮子、骏马都是中国传统的吉祥瑞兽，狮子被视为勇敢、驱邪的瑞兽，而马则被人们赋予忠诚、聪明的美好品格。大殿正中间门头枋的左右两幅木雕，左为凤求凰，右是孔雀开屏，寄寓的是人性之纯洁美好。整幅木雕构图饱满，布局匀称，画面气氛热烈活跃。

下法如庵正大殿左边一间门头枋，其木雕图案表达的是一种吉祥如意之意，正中间一幅雕的是苍松之下的一对大象，四肢健壮，憨实动人，母象的卷曲鼻子，公象的长长象牙，雕琢生动有趣，又有一种力量之感。象历来被视作吉祥物，民间常把大象与瓶组合构图，寓意太平有象。左右两幅所雕山溪奇石、遒劲苍松，也皆为民间喜爱之物。

正大殿右边一间门头枋，三幅图案传达了福禄寿禧之美意，中为双鹿图，左右分别是松鹤图、鸳鸯图。梅花鹿传说是寿星的坐骑，又与“禄”谐音，表示官爵、禄位；鹤是长寿、吉祥和高贵的象征，松常青不凋，有长寿之意，若画松鹤于一起，则有“松鹤长寿”“鹤寿松龄”“松鹤延年”之称；鸳鸯，因出双入对，用以象征夫妻恩爱之意。《诗经·小雅》就有一首《鸳鸯》，“鸳鸯于飞，毕之罗之，君子万年，福禄宜之”。而图中背景有寓意长寿的松柏、象征清高自节的翠竹、寓意万事平安的如意等，都是民俗中常见的吉祥物。

下法如庵“本土化”的建筑体式，为处于退养生活中的僧侣融入民间生活，营造了一份恬淡宁静的生活环境，而门头枋大幅度的“民俗化”雕饰图案，则通过其中的蕴意，构架起僧侣与民间所共有的人类情感。

三、普陀山庵堂“本土化”“民俗化”建制的文化背景

普陀山庵堂建筑体式、装饰风格与海岛舟山传统民居相融相通，这与庵堂作为法师、僧侣休养生息的功能有关，营造了一种平静舒适的生活环境，如探求其文化缘由，则有诸多因素与之相关，如佛教众生平等的环境观，中国传统民俗审美观以及当地工匠的技艺等。

1. 佛教“草木成佛”平等环境观是庵堂建筑的灵魂支柱

诸行无常、诸法无我、涅槃寂静“三法印”，是佛教的基本教义。“山川草木皆成佛”“山川草木皆有佛性”，佛教尊重自然界的所有，一切生命都是平等的，“培养与一切生命的共存意识，培养对相依相关的生态系存在方式的感恩之情”（《大乘佛教的挑战 面向人类的课题》，南开大学出版社，第 74 页），建筑与环境的平等融合，这是作为实践论的菩萨道。“在这种无我平等的观念下，山林佛寺普遍倾向于融入山林环境，以体现无我平等观念。”（《浙江禅宗寺院环境研究》，浙江工商大学出版社，第 110 页）建筑要从属于自然环境，由天然的、本质的自然来决定佛教建筑的外在形式和装饰风格，成为普陀山庵堂建筑的一大理念。

故而，我们所看到的普陀山寺院、庵堂等佛教建筑，充分利用了岛屿特殊的自然环境，顺应山形环境营造建筑，如普济寺这种规格较高的寺院，选择于地势较平缓的基地上，且每一进庭院依山势层层而上，以求与自然环境有机结合。普陀山庵堂建筑在平面布局、结构方法、造型和细部特征等方面，很多都是依据自然条件和地理环境来建造，给人以朴素的生态观。如位于梅岑山西麓陡坡间的观音古洞，清雍正年间（1723—1735），法雨寺住持法泽建圆通殿及斋楼，开创庵院，殿宇缘山而筑，庵院头山门内甬道壁为照壁，依山而建，南边缘悬崖建楼房一排16间，用作寮房和客房。普陀山的庵堂有很多以洞为庵，充分利用岛内洞壑幽深之环境，发挥洞壑的神奇传说，形成了洞庵合一的特殊景观，如位于几宝岭西，东天门下的法华洞，方圆巨石，形成洞壑，以前就有法华洞庵，后焚于火。岛东青鼓垒东尽处的梵音洞，洞壁高80余米，宽仅数米，深邃莫测，洞前有天然石桥横亘，相传观音大士在洞内灵现种种异象，上建瞻圣阁，巅建梵音洞庵。

2. 传统民俗祈福观是庵堂建筑的重要文化

祈福在中国传统民俗中是一个内涵十分丰富的文化概念，寺庙、民居等民间建筑，对祈福图案的广泛运用，所反映的正是人们共同追求的一种幸福意愿。普陀山庵堂建筑祈福图案的民俗化装饰，顺应了传统民间的心理和精神需求，具有深厚的传统建筑文化底蕴。

海天佛国普陀山，游客信众遍及海内外，千百年来，众多信士香客前来朝圣，有祈求平安的，有求子求学的，祈福的人络绎不绝。在信士香客眼里，普陀山一草一木，都带有佛性，普陀山建寺筑院，自然会把人们喜爱的祈福民俗图案用于建筑之中。而普陀山庵堂不少是由僧募资而建，也有的是信众捐资所建，如伴山禅院，旧名伴云庵、伴山庵，据清康熙《南海普陀山志》记载，由明僧真觉创，清康熙年间僧在璇重建，改名伴山庵；杨枝禅林，原名杨枝庵，最早是明万历三十六年（1608）宁绍参将刘炳文捐资，镇海寺（今法雨寺）住持如光建。庵堂又是僧师以及信众居士日常参禅礼佛，静心修炼之所，故而，庵堂不仅在体式上类同于传统民居，在装饰风格上又大量使用民间喜闻乐见的祈福图案，既让人有宾至如归之感，又能从中得到心灵上的精神慰藉。

3. 海岛工匠的传统手艺是庵堂建筑本土化的技术支撑

历史上，普陀山众多佛寺庵堂建造，除了部分有当时的政府派出的匠师参与，大多是由来自普陀、定海的本地工匠设计并施工，这些工匠中不少人一直参与了普陀山寺院的建造，他们即使不熟悉佛教建筑艺术，但佛教建筑与传统民居之间必有同构之处，尤其是庵堂，近于传统民居的院落形式，而本土工匠们的传统技艺以及根深蒂固的审美观念，使得普陀山庵堂建筑体式、装饰风格明显地呈现出海岛地域的建筑特征。

普陀山庵堂建筑的本土化、民俗化，彰显了佛教文化和民俗文化的互渗融合，庵堂从一个角度架起了佛教与民俗的文化认同，实现了佛教与社会的和谐发展，对研究海岛佛教文化和民俗文化有着重要意义。

四合院往事

邓进平

虽然当代大多数人住的是钢筋水泥房，但稍微上点年纪的人对四合院是不陌生的。

四合院，顾名思义，是指四面墙体合围成一个正方形或长方形的封闭院落。它曾是我国民居中地域分布最广泛、历史最悠久的建筑形式。据考证，它最早产生于商周时期，元代时作为主要建筑形式大规模出现在都城（今北京），明清时遍布中国大江南北。

四合院的基本形制有单进式和多进式。在北方，以具有三进院落的四合院为多。南方由于人多地少，院落普遍较小，只有少数大户人家才建得起三进或更多进深的四合院，多数四合院仅为单进式。以定海城区现存的四合院为例，中西大街、柴水弄、书院弄、留方路等保留的四合院多为单进式。人民北路在旧城改造前，保留了几户多进式院落，如朱葆三祖居、金性尧故居等，这些都是旧定海的大户人家，房东多在沪经商，富甲一方，自然建得起大宅子。可惜20世纪旧城改造时，朱葆三祖居全部被拆除，金性尧故居现仅剩半个院落，孤零零地淹没在钢筋水泥的丛林里。

典型的四合院是其四壁除在南壁的中部开一扇门之外，墙上没有一扇窗，是名副其实的“四合”之院。当然，中国地域辽阔，各地风俗千差万异，因为受地形地势限制，四合院的布局也并非千篇一律，不同的地区四合院的布局也稍有差异。北京、山西等地方的四合院最为规整，四四方方，简直就是一个放大的火柴盒。南方的四合院相对来说要显得小巧、雅致，有些在墙上安装几扇雕有各种纹饰的花窗，有些因地制宜，或根据需要，在厢房边搭建一两间耳房，使得整座院落呈多边形，虽说破坏了“四合、四方”的规整，却给人一种活泼的感觉。

柴家走马楼

建筑的风格往往受人们主观意识的影响。中国有句古话叫“人宅相扶”，讲究的是人与环境的和谐，即“天人合一”。我们的祖先通过对自然环境的选择以及长期积累的经验，逐步形成了一套评价宅居的吉凶体系，通俗地说就是“风水学”。

四合院建筑是“风水学”的产物，其空间布局，源自《周易》八卦，即离南坎北，震东兑西，巽东南坤西南，艮东北乾西北。四正四隅八个方位以四正为主，四隅为次。整座建筑沿着中轴线对称，主要的建筑都在中轴线上。主人住正屋，厢房、耳房之类的为佣人居住或作为库房。正屋的东面为儿子们居住，西面为女儿们居住。整座四合院的内部空间布局井然有序，反映出了森严的长幼尊卑的家庭伦理关系。如果从心理上来分析，这种近乎封闭的空间环境也非常符合中国人传统的内敛性格及含蓄的气质。

新塘村江氏民居

建筑其实就是文化的一种表现形式，任何建筑都有其产生的文化根源，没有凭空产生的建筑。其一砖一瓦，一梁一柱无不深深打上文化的烙印。四合院是中华传统文化的产物，而寺庙建造观念是随着佛教一起传入中国的，一旦进入中华大地，就被汉化了。我们通过对建筑的分析比较，就会发现寺庙建筑就是换了一种形式的四合院。

首先，他们的空间布局相似，都是一个封闭性建筑，整座建筑都沿着中轴线对称，天王殿、大雄宝殿、藏经楼等主要建筑都安排在中轴线上。相比较普通四合院，大部分寺庙只是规模更大些罢了。

法雨寺

其次，都体现了等级森严的尊卑关系。按说佛教宣扬“众生平等”“四大皆空”“看破红尘”，不应执着于地位的高低，但一旦进入中华，便和中国传统伦理结合起来，计较于名分的讲究了。主尊佛像永远都是被供奉于大雄宝殿里，其左右有“胁侍”配置，或佛弟子迦叶、阿难，或菩萨文殊、普贤。两边立柱常有撰写功德无量、法力无边的对联，犹如正在上朝的中国皇帝，也如一个主持宗族会议的族长，威严十足。

二三十年前，四合院还随处可见。我是 1996 年来舟山工作的，那时候的定海城区还有很多四合院，中西大街、东管庙弄、书院弄、柴水弄以及卫海路一带，老房子成片成片的，尤其是人民北路，就是一个典型的老巷子，古老的石板路泛着青光，斑驳的墙面是岁月留下的痕迹。街的两旁店铺林立，有小吃店、小工艺品店、服装店、理发店、手机店等。在这里，传统与现代同在，喧闹与幽静并存。这是以前人们吃早点，晚上散步的好去处。

20 世纪 90 年代，定海城区开始了大规模的旧城改造，人民北路，东、西大街，芙蓉洲弄，卫海路等大片的四合院被拆除，让人感到一种深深的遗憾。即便如此，舟山仍然保留了不少的四合院，不但城区有，许多农村也有，有些小岛还成片成片地保留，如大鹏岛、里钓岛、长白岛等。但愿这些四合院不要再遭受被拆除的命运，因为这是我们这一代人最深刻的乡愁。希望我们的下一代，下下一代看得见这种乡愁。

图书在版编目（CIP）数据

舟山文物故事 / 邓进平主编. — 秦皇岛：燕山大学出版社，2021.9

ISBN 978-7-5761-0133-1

Ⅰ. ①舟… Ⅱ. ①邓… Ⅲ. ①历史文物－介绍－舟山 Ⅳ. ①K872.553

中国版本图书馆CIP数据核字（2020）第246675号

舟山文物故事

邓进平　主编

出 版 人： 陈　玉
责任编辑： 柯亚莉
封面设计： 袁明强
出版发行： 燕山大学出版社 YANSHAN UNIVERSITY PRESS
地　　址： 河北省秦皇岛市河北大街西段 438 号
邮政编码： 066004
电　　话： 0335-8387555
印　　刷： 舟山市乐诚印刷有限公司
经　　销： 全国新华书店

开　　本： 710mm×1000mm　1/16　　**印　　张：** 14　　**字　　数：** 190 千字
版　　次： 2021 年 9 月第 1 版　　**印　　次：** 2021 年 9 月第 1 次印刷
书　　号： ISBN 978-7-5761-0133-1
定　　价： 56.00 元
